ゴルフのやってはいけない!

駄目ゴルファーにならないための48項

体育学博士
PGA-A級ティーチングプロ
安藤 秀

KKベストセラーズ

なぜ、あなたはベストスコアを更新できないままなのか…

ゴルフスイングは、
使う道具の変遷とともに変化してきました。
そして、その変化に合わせて
指導法も変わってきました。
ところが、ゴルフ雑誌やスクールでの
レッスン情報の多くは
ゴルフスイングの変化を考慮に入れていないため、
古いものから新しいものまで
ごちゃ混ぜになってしまっています。
現在の「やってはいけない！」ことを
練習し、体が覚えてしまうと、
〝正しいスイング〟から遠ざかってしまうのです。

やっては
いけない!
代表例Ⅰ

ボールをよく見て
頭を残す

やっては
いけない!
代表例Ⅲ

トップで
左腕を伸ばす

やっては
いけない!
代表例Ⅱ

体重移動は
「右」から「左」へ

やっては
いけない!
代表例Ⅳ

インパクトで
右手を返す

やっては
いけない!
代表例Ⅴ

ビハインド・ザ・ボールを心掛ける

なんと、92%の

アマチュアゴルファーが“間違ったゴルフの常識”を支持しています！

ゴルフ雑誌やDVD、スクールでのレッスンを鵜呑《うの》みにして、
これらの「やってはいけない！」を実践していませんか？
ひとつでも当てはまる方は、それが原因でスコアが伸び悩んでいる可能性があります。
本書では、現在の道具を使ってゴルフを行うなら、絶対に「覚えるべきではない」
「実践するべきではない」情報を明確にしました。

本書を読めば、
あなたのゴルフが
劇的に
変わります。

★ドライバーの飛距離UP！
★苦手だったFWが得意クラブに
★アイアンの番手ごとの飛距離が出る
★寄せワンが増える
★もう、3パットはありえない——

そして、
プロゴルファーのような
力強く、美しい
スイングを
目指しませんか？

——安藤　秀

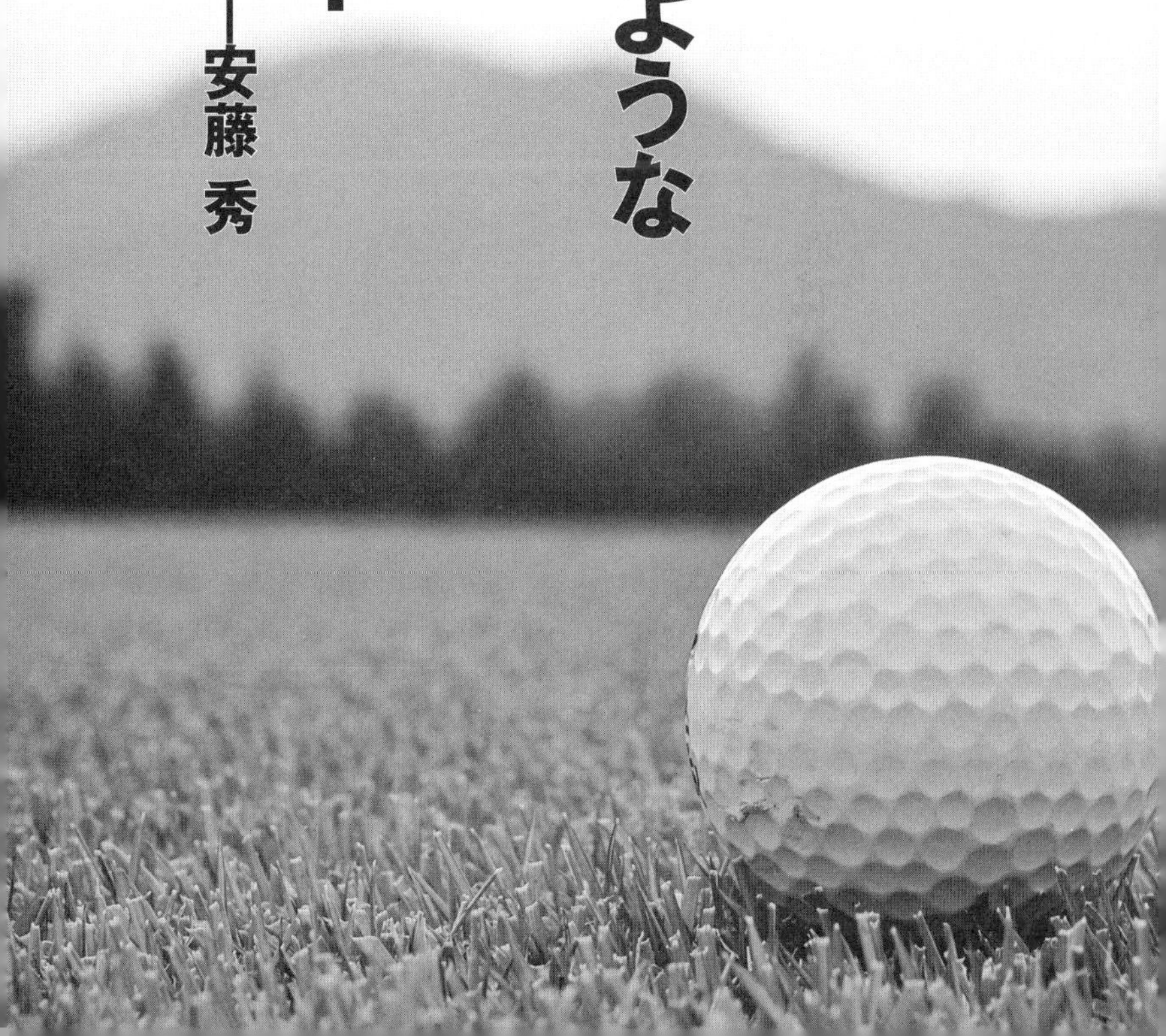

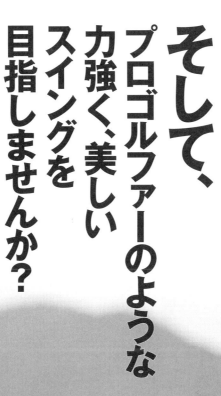

目次

やってはいけない！ 第一章 「グリップ」&「アドレス」編

やってはいけない！ 第二章 「基本動作」編

第三章 「ドライバー」&「FW」&「アイアン」編

第四章 「アプローチ」&「バンカー」編

第五章 「パター」編

終章 「メンタル」編

やってはいけない！

第一章 「グリップ」&「アドレス」編

やってはいけない！01

グリップはゆるく、やわらかく

グリップの力の入れ具合（いわゆる「グリッププレッシャー」）に関しては、「小鳥を包むようにゆるく握れ」ということがよく言われます。たしかに、力が入りすぎて腕がスムーズに動かなくなってしまうのは問題です。

しかし、体力因子でいちばんと言っていいくらい飛距離と相関関係が出ているのが〝握力〟です。このことを考えると、「握る力が強いということは飛ばしに関しては有利なのではないか？」という発想も生まれます。

また、「ゆるく」握ると言っても、「ゆるく」というのは感覚的な言葉ですので、個々人の握力の強さによっても握る感じは変わってきます。たとえば、**握力のない女性もゆるく握るべきなのでしょうか？**

そう考えると、グリッププレッシャーは非常にわかりにくいものになります。そこで、この項では、スイング中のグリップの役割を考慮しながら、力の入れ方について考えてみたいと思います。

クラブの握り方（すなわち「グリップ」）は、スイング中の手首の動きと密接な関係にあります。ゴルフスイングでは、手首は「コック」という縦方向の動き図1を行いますが、グリップはこの手首の縦方向の動きがスムーズに行えるような形をしている必要があります。

この観点に基づくと、ある程度グリップの形についての重要点が見えてきます。

まず、クラブシャフトに対して左の手のひらをあてがう位置ですが、これは左手の肉厚の部分の下にクラブのグリップの部分があるのが望ましく図2、これによって、クラブの上下動、特に振りおろしの際に、左腕の力をクラブシャフトに十分に伝えることができます。

次に、右手の人差し指の形です。これは引き金を引くような形にします。つくり方としては、図3のように、「指差しの形」をつくってから人差し指を「鍵型」にすると簡単にできます。

この人差し指の上にクラブシャフトを乗せてクラブを縦方向に動かします。特に**振り上げのときに右腕の力をクラブシャフトに伝えるのです**。

そして最後は、左右の手の合わせ方です。これは左右の手のひらが右手の生命線と左手の親指の曲線で合わさるようにします図4。そして、両手が離れないように両ヒジを寄せるようにしながら、この両手の接点を中心にコック動作を行います。こうすることで、手首はテコの原理を利用してクラブヘッドを少ない力で上下に動かすことができます。

このように、グリップの役目を考えてみると、どこに力を入れるべきで、どこは力を入れる必要がないかがわかります。

まず、右手の中指、薬指、小指の3本の指には役目がないため、あまり力を入れる必要はありません。右手の3本の指で強く握ってしまうと、右手でボールを強く叩こうとするためにこの3本の指に力が入りやすいのです。そこで、「グリップはゆるく、小鳥を持つように」ということが言われます。つまり、この言葉は、小鳥が右手の3本の指の上にいいたと仮定した場合のみ正解となるのです。

一方、右手の人差し指はクラブの縦方向の動きをリードする役割があるので、多少力が必要になりますが、これもつくった鍵型が崩れないようにする力があれば十分です。

これに対して、左手の中指、薬指、小指は、ダウンスイングの左腕の引きおろしの力をクラブシャフトに伝えるために、力いっぱい握ります。「小鳥がどうの」とか言っている場合ではなく、かなり強い力で握る必要があります。

このように、ひとことで「グリップの強さ」といっても、左右の手、そしてそのなかの5本の指でも握る強さが違うので、そこを明確にして覚えていくことがとても重要です。

図1 「コック」という縦方向の動き

図3
右手の人差し指のつくり方

❶

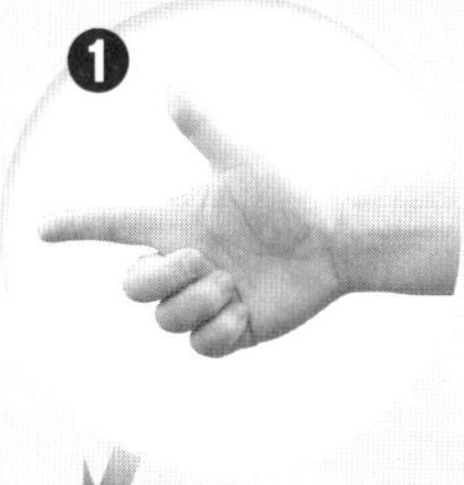

❷

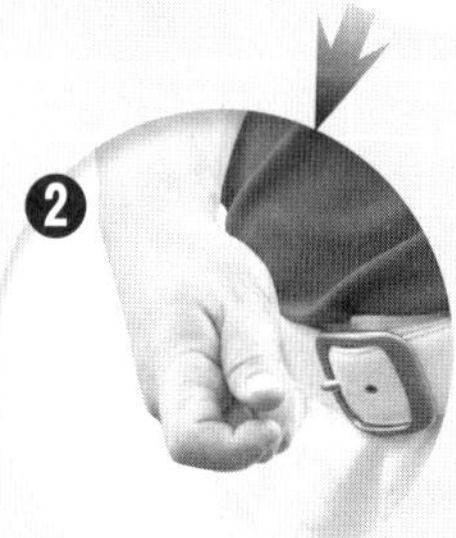

人差し指を
「鍵型」にする
(引き金を引く
ような形)

図2 左の手のひらをあてがう位置

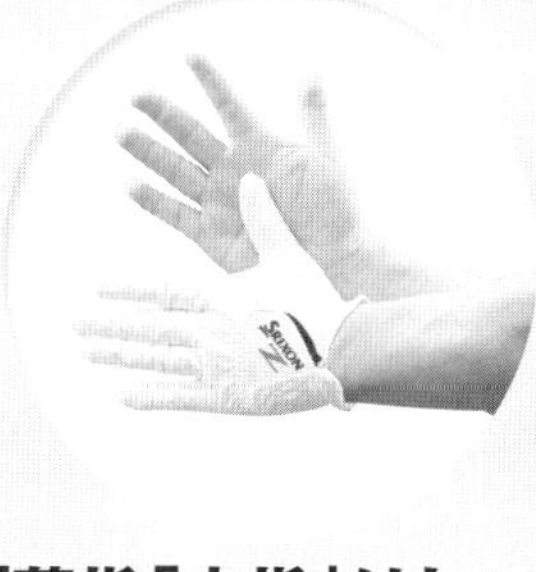

図4
左右の手の
合わせ方

POINT **左手の「中指」「薬指「小指」はしっかり握り、右手の「中指」「薬指」「小指」は小鳥を包むようにやわらかく握る**

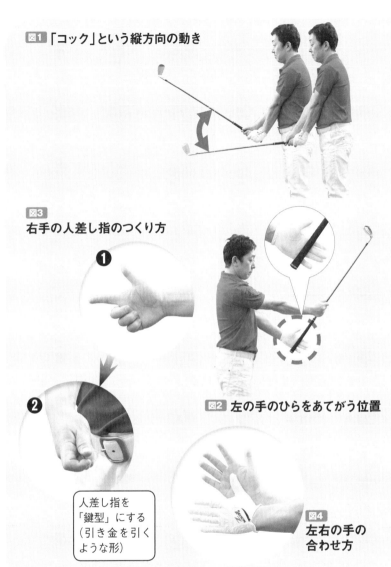

やってはいけない！ 02

左グリップは「手の甲」を目標に向ける

左手のクラブに対しての「あてがい角度」には様々な説がありますが、「左手の甲を目標に向けて握る」というのが一般的な説明でしょう。

さらに、左の甲が上を向くストロング系のグリップは、左のヒジに若干の負担がかかるため、2ナックルすら見えないグリップでスイングしているアマチュアプレーヤーをよく見かけます 図1。

左グリップの握り方には諸説ありますが、ゴルフ発祥からの長い歴史を通してゴルフスイングの指導書を調べてみると一つの特徴があります。

左グリップの向きに関しては、クラブシャフトがヒッコリーの時代はストロング系になっています。そして、現在も左のナックルは2・5個見える形が主流になってきています 図2。

これに対して、スチールシャフトが全盛だった1940年代から1980年代くらいまでは、左グリップのナックルは1・5～2個までしか見えず、左手の甲が目標を向くグリップが主流でした。

このような左グリップの共通点から、ヒッコリー時代と現在のクラブの共通点を考えるとシャフトのトルクが挙げられます。

トルクとはクラブシャフトがねじれに抵抗する力であり、**数値が大きいほど、そのシャフトはねじれやすいクラブ**ということになります。このねじれは、ある程度の大きさがあったほうが飛距離は出ることがわかっていますが、同時に**フェースの向きが変わりやすいため、ボールが曲がりやすくなってしまう**ことが問題とされます。

かの有名な「球聖」と言われたボビー・ジョーンズの時代に、クラブのシャフトに使われていたヒッコリーシャフトと、現在のカーボンシャフトは、ともにスチールシャフトに比べてトルクが大きい。そのため、左グリップを若干ストロング気味に握らないとフェースが開いた状態でインパクトしてしまい、それでスライス系のボールが出てしまうことになります。

一方、トルクの小さいスチールシャフトでは、ストロング系の強い左グリップでスイングすると、インパクト時のフェースが左を向いてしまうため、フックボールが出やすくなってしまいます。

皆さんも、ドライバーのシャフトがカーボンの場合、あるいはトルクが大きい場合には、「左グリップは左手の甲が目標を向くようにして1・5～2ナックルが上から見えるように握るべし」はやめて、「左グリップはナックルが2～2・5個見えるところをストロング気味に握る」ようにしましょう。

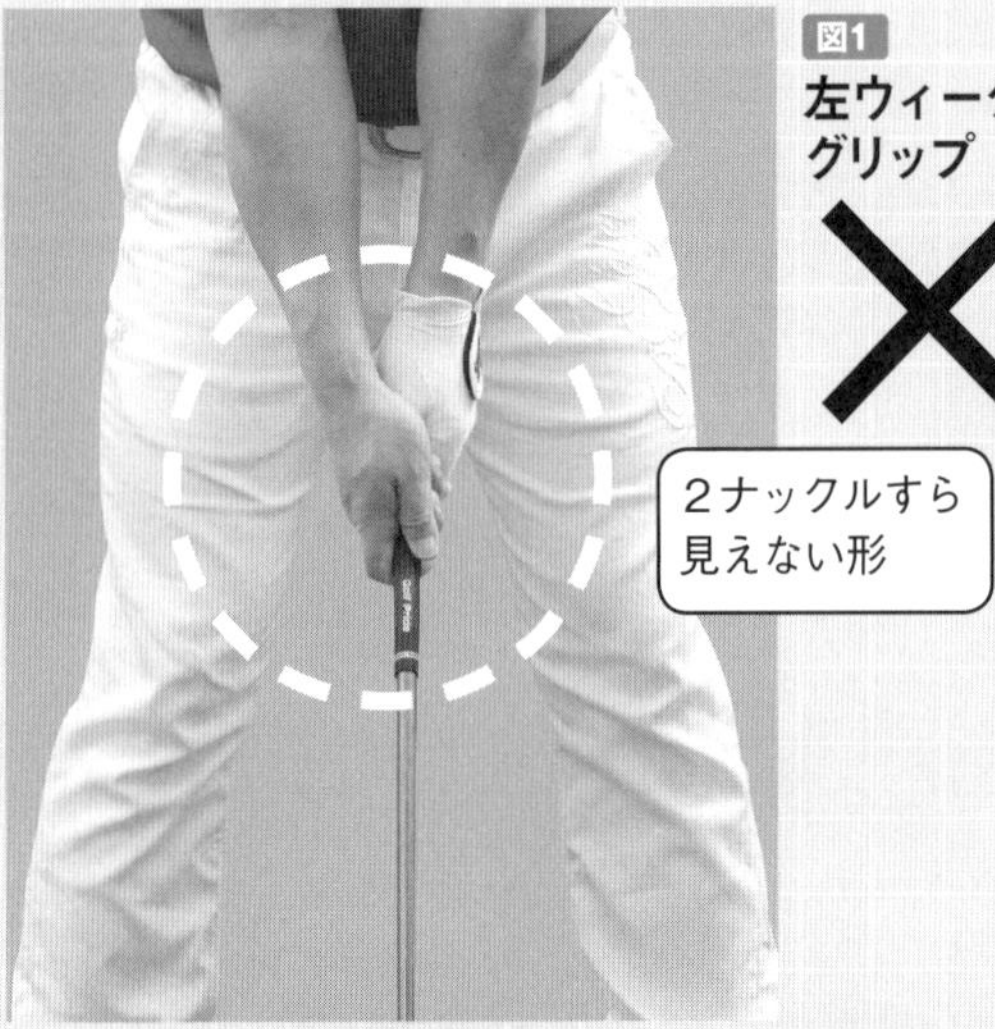

図1
左ウィーク
グリップ
×

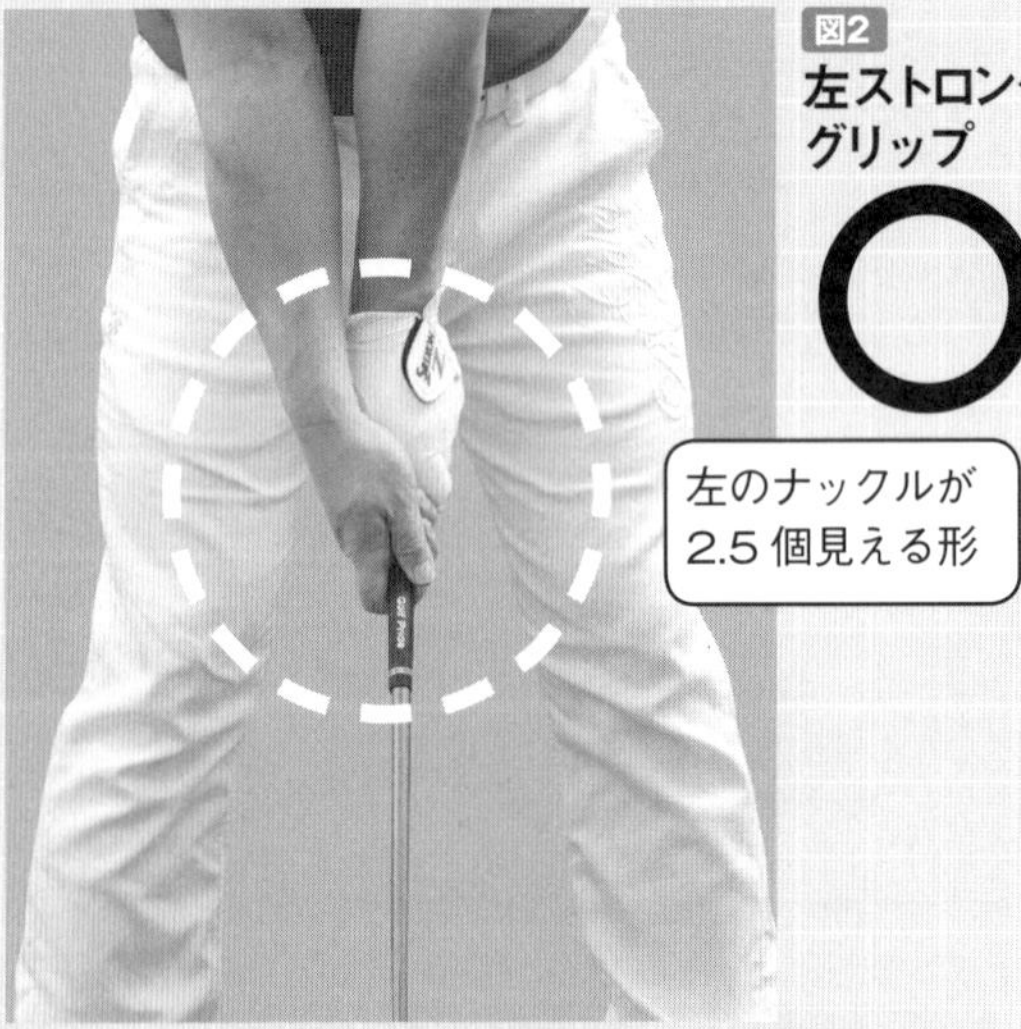

図2
左ストロング
グリップ
○

POINT **左グリップはナックルが2~2.5個見えるようにストロング気味に握る**

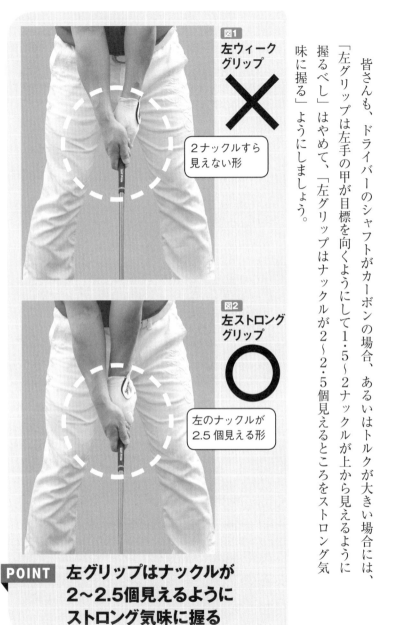

やってはいけない！03

右グリップは上からかぶせる

右手は手の甲が上を向くようにクラブシャフトを握る 図1 のが正しいと考えるプレーヤーがけっこういます。このような右グリップでスイングしているプレーヤーは、総じてフックボールに悩んでいることが多いようです。

右グリップも左グリップと同様に、ゴルフ発祥からの長い歴史を通して指導書の内容の変化を見ていくと一つの特徴に気がつきます。

１９００年代初頭から１９６０年代ぐらいまでのスイング指導は、「右グリップは中指と薬指で握り、右手の甲が上から見える形で握る」のが主流でした。

ところが、70年代以降はどちらかというと「右手は下からクラブを支えるような向き」、つまり中指と薬指の爪が上から見えるような形（手の甲が下を向く形）図2 が主流になってきています。この形では**右手の中指と薬指はシャフトを握るというより、クラブを下から支える感じで握っています**。

じつは、この右グリップの形の違いは、スイングがフラットからアップライトに変わったことと関連があります。トップオブスイング及びフォロースルーのときの手の位置が低い形の通称「フラットスイング」では、インパクトエリアで手首を返す「リストターン」という動作を行います。

この動作では、右手の中指と薬指が中心になってフェースを返すという動作を行います。これに対してアップライトスイングの場合は、トップオブスイングとフォロースルーの手の位置は高く、この位置にクラブを運ぶのは右手の役目になります。そのため右手はクラブを下から支えるようにあてがわれています。

フラットスイングがアップライトスイングに変わっていった理由は、**アップライトスイングのほうがフラットスイングより飛距離が出る**からです。高い位置からクラブヘッドが落ちるのに合わせて体が回転するため、ヘッドスピードがアップするのです。

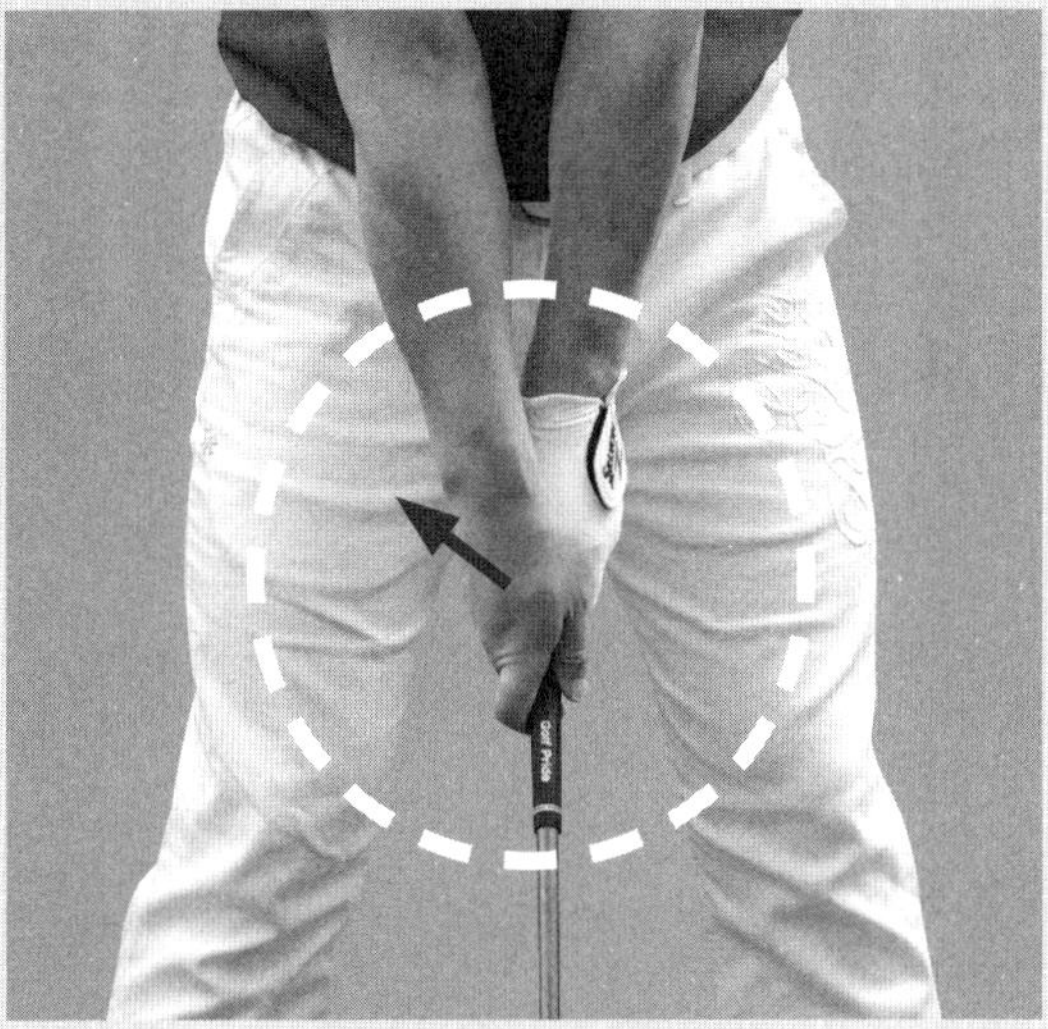

図1
右手の甲が上を向くグリップ

×

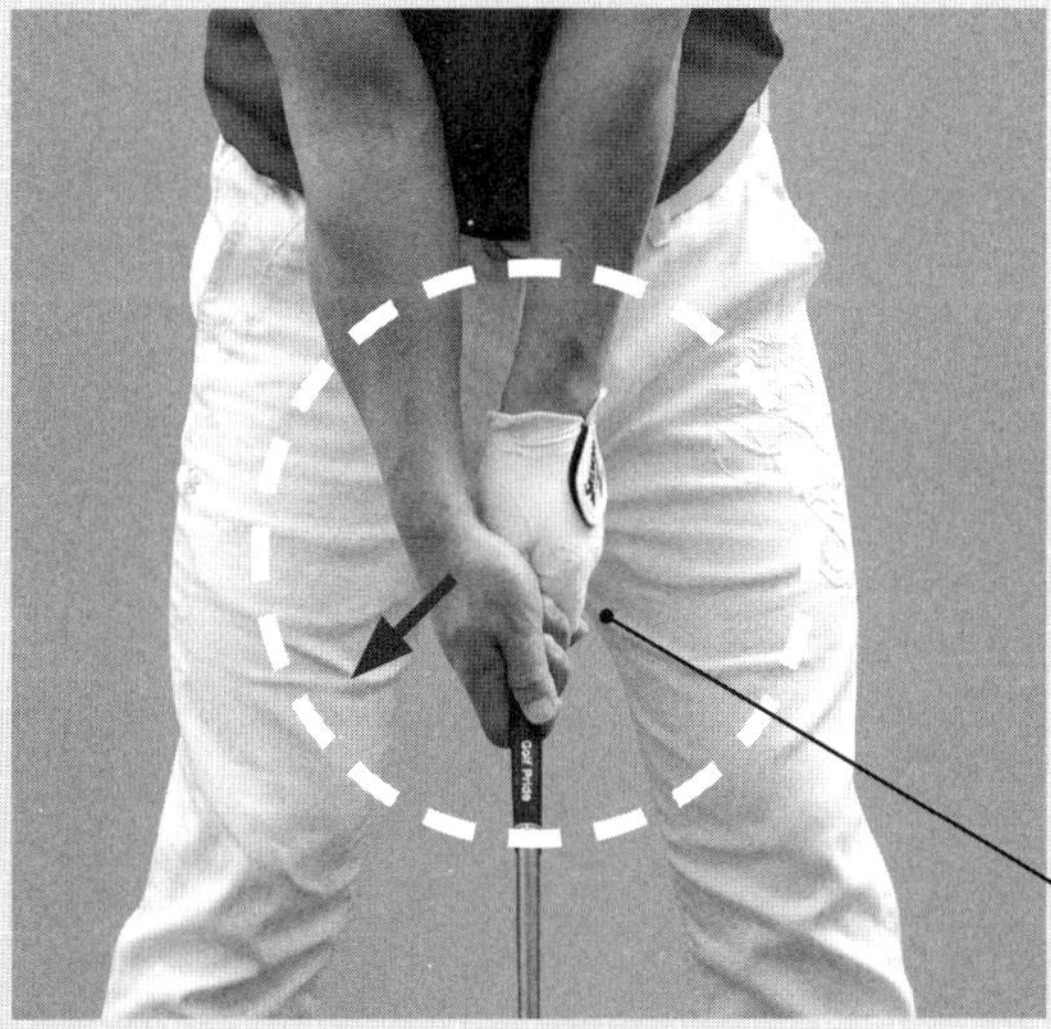
中指と薬指の爪が
上から見える

図2
右手の甲が下を向くグリップ

○

POINT **右手がクラブを下から支えられるよう、「右手の中指、薬指の爪」が見えるように握る**

やってはいけない！ 04

「Y字」型でアドレスする

ゴルフスイングのアドレスは、正面から見た場合、左右対称型のY字型にあるのが正しいと考えているプレーヤーは多いようです図1。そのため、Y字型アドレスを守って両腕でクラブを釣るように構えているプレーヤーをよく見かけます。

しかし、アドレスの形がY字型だとされていた時代は、リストターンを行っていた時代と重なります。なぜならY字型アドレスでは両手が自由に動くためにインパクトエリアでリストターンが行いやすいからです。この時代は、インパクトエリアの手首の動きの確認動作をスイング始動前に行う「ワッグル」が励行《れいこう》されており、このプレショットルーチンを通してアドレス時に手元が自由になるスペースをつくっていました。

これに対して、現代のアップライトスイングでは**腕は縦方向に動かして、インパクトエリアではリストターンは行いません**。このスイングでは、トップオブスイングから左腕を左胸に向かっておろしながら体を回転させてボールをヒットする。つまり、インパクトエリアでは、左腕は左胸に密着しながらボールをヒットすることになります。

この形を重視してアドレス姿勢をつくると、どちらかというと**逆K字型に似た形になる**のです 図2 。このアドレスでは、インパクトエリアで左腕の付け根が左胸に密着することを見越して、アドレス時からその準備をしています。そして、クラブを下から支える右腕はクラブを横方向から持ち、右ヒザが若干しぼられているために逆K字型に見えるのです。

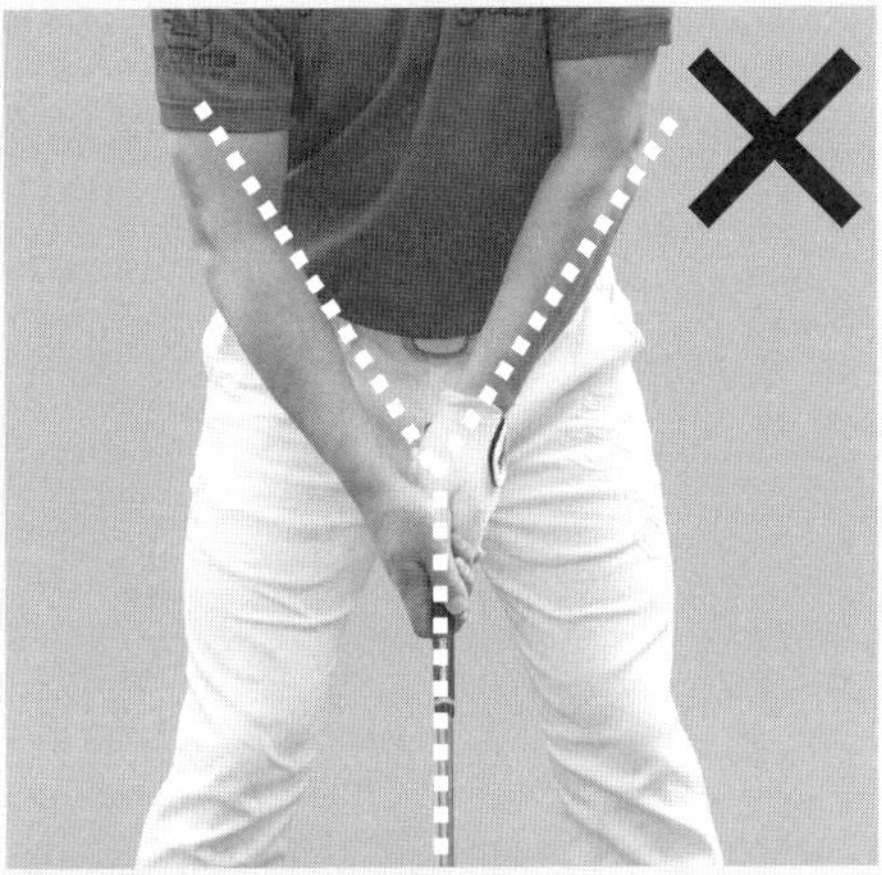

図1 Y字型アドレス

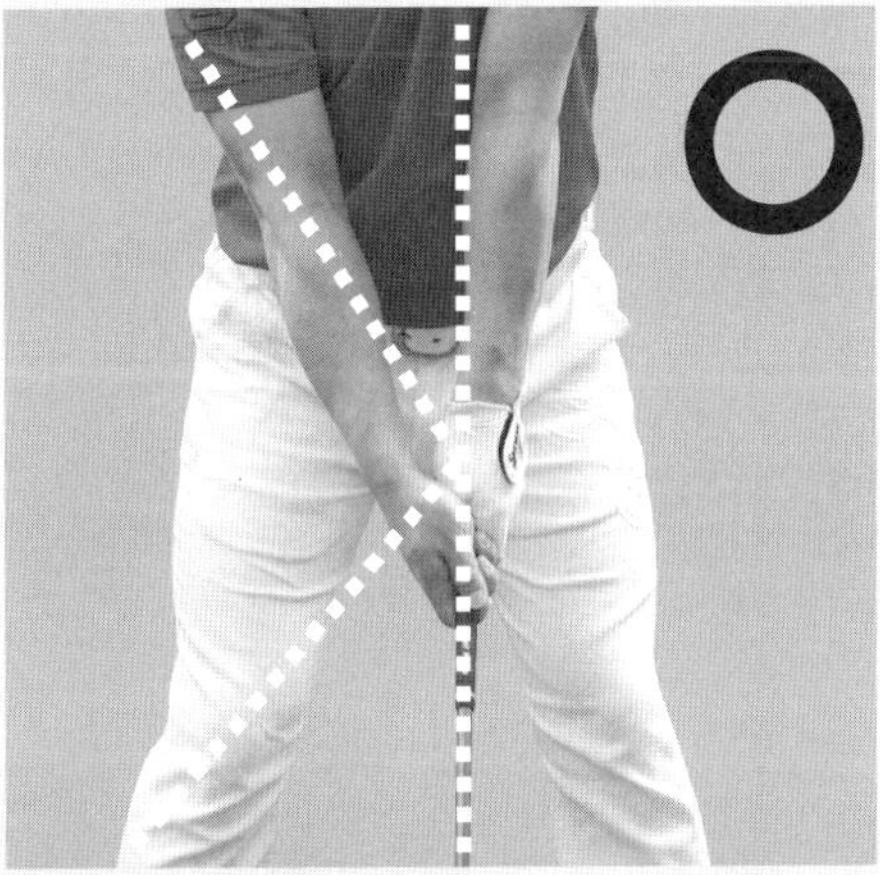

図2 逆K字型アドレス

POINT **左腕は伸び、右腕が若干たわみ、右ヒザが若干しぼられている「逆K字」型でアドレスする**

やってはいけない！05

お尻を若干上に向けて構える

アドレス時にお尻が下に落ちた形で構えるのはよくないということで、「お尻を上に向けるように構えるべき」図1ということがよく言われます。このアドバイスをそのまま実行したために、腰痛になってしまうゴルファーが多くいます。

アドレス時に緊張感が必要なのは、腰より背骨の上部、特に頸椎《けいつい》上部から後頭部にかけてです。その理由は、上半身の回転の軸は「背骨上部」にあるからです。

この上半身の軸のつくり方としては、アドレスの姿勢から顔全体で天井を見て、背中上部に緊張感を持たせ、その緊張感を保ちながら**アゴの下の筋肉でアゴを引き、背上部に背中側とアゴ側に力の均衡状態をつくります**図2。

これによって背中上部の頸椎から後頭部までが一直線になるので、そこを軸に上半身を回転させます。もちろん、この軸で上半身を回転させるのは下半身、特に腰の役目ですが、**上半身の軸がしっかりしているだけで、上半身は高速回転をするために飛距離は出ます**。

お尻を上に上げるようなアドレスでは、見た目の背中の前傾角度をつくることが強調されているだけで、実際にはあまり有効ではないうえに、かなりの確率で腰痛を引き起こします。

安藤流アドレスのつくり方-Ⅰ

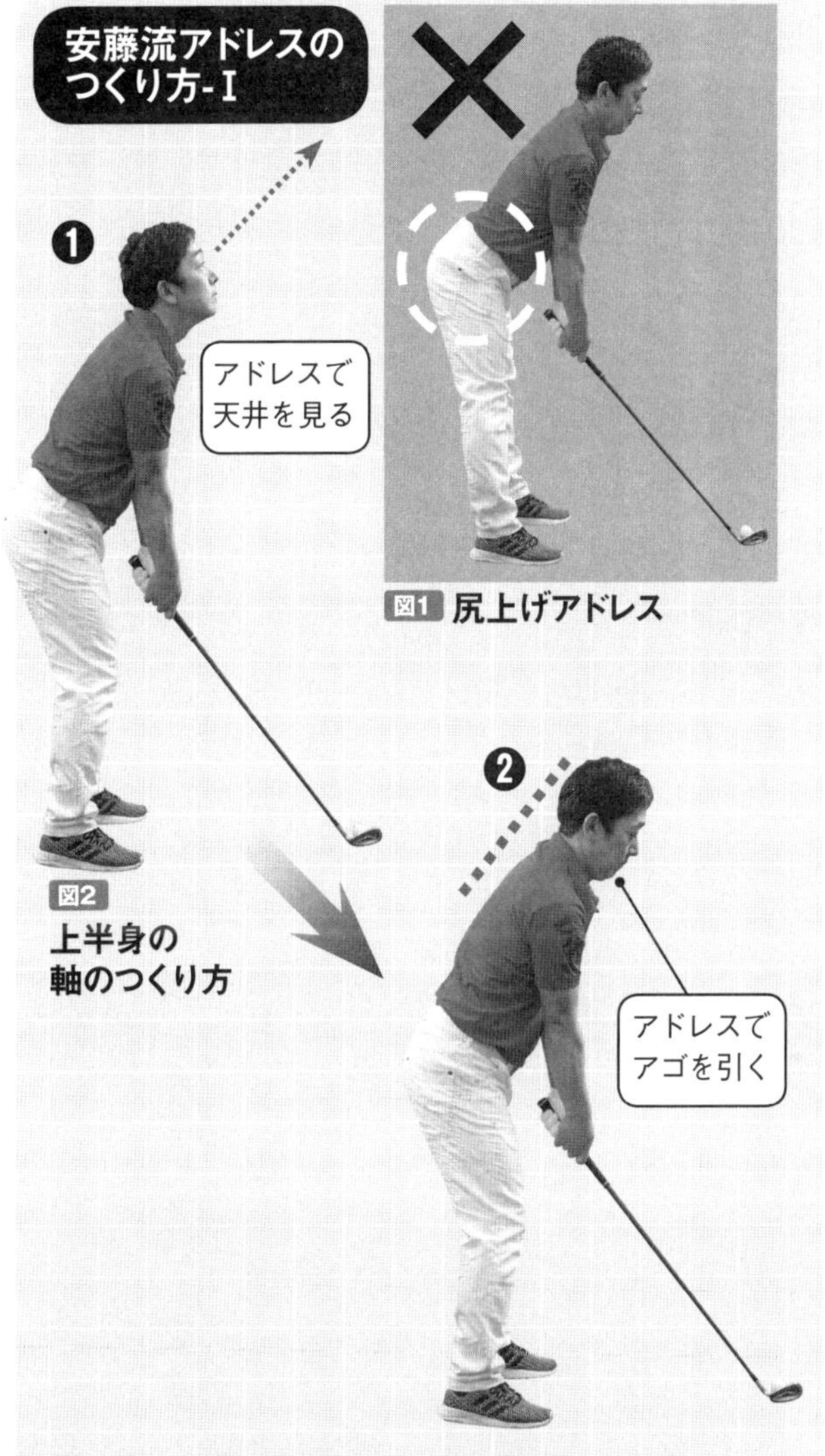

❶
アドレスで
天井を見る
❷
アドレスで
アゴを引く

図1 尻上げアドレス

図2 上半身の軸のつくり方

POINT 背骨上部から後頭部にかけて緊張状態をつくり、腰回りは緊張させないように構える

やっては いけない！06

お尻を落としてどっしり構える

前項とは逆に、「お尻を下げ、重心を低くしてどっしりと構えるべき」ということもよく言われます。そのため、ヒザを多めに曲げ、腰の位置を低くして構えているプレーヤーをよく見かけます。

このようなアドレスでは、上半身の前傾角度がなくなるばかりでなく、ボールが見にくくなるために、頭がうなずくような構えになります。

このアドレスでは、背骨上部から後頭部にかけての軸が1本になりません。そのため、上半身に「後頭部にかけてできる軸」と「背骨上部にできる軸」の2本の軸ができてしまうのです図1。

これでは、プレーヤーは背骨上部の軸で回転すべきなのか、後頭部の軸で回転するべきなのかがわからなくなってしまいます。たとえば、首の後ろの軸で回転したとすると、体はパターのような動きをするようになってしまいます図2。

これに対して、背骨上部の軸で回転すると、正しい回転なのにもかかわらず、目の位置があまりにも大きく移動してしまいます 図3。これら2つの回転は、どちらもNG回転なのです。

では、正しい回転はどうなのでしょうか。この答えは**正しいアドレスをつくって回転するとわかります**。

図4のように、**背骨上部から後頭部までを一直線にした場合、背骨は前傾しなければなりません**。

そして、この軸で体を回転させると、(右打ちの場合)トップオブスイングでは左肩が下がり、フォロースルーでは右肩が下がるというような前傾回転が行われます。この回転がゴルフスイングで使う回転です。ですから、アドレス時の上半身の軸はとても重要になるのです。

図2
パターのような動き
首の後ろの
軸で回転
後頭部にかけてできる軸
背骨上部にできる軸
図1 尻落ちアドレス
正しい回転だが
目の位置が動きすぎ
図3
背骨上部の軸で回転

安藤流アドレスのつくり方-Ⅱ

○
背骨上部から後頭部までを一直線にするときれいな前傾姿勢がつくれる

図4
背骨は前傾する

POINT **アドレス時の上半身には、背骨上部から後頭部が一直線になった状態でボールが楽に見られる「前傾角度」を与える**

やってはいけない！
07

アドレスではできるだけ力を抜く

コースに出ると、誰しも練習場でボールを打つときより力が入ってしまいます。その違いは構えたときから顕著に現れるため、「アドレス時には体の力を抜いてリラックスしろ」というアドバイスが定番となっています。

しかし、本当にすべての力を抜く必要があるのでしょうか？

というのも、もしすべての力を抜いたら勢いよくクラブを振ることはもとより、極端な言い方をすれば立っていることすらできなくなってしまいます。

アドレスとはゴルフスイングという運動に対する準備の姿勢であり、運動のための準備姿勢とは、これから始まる運動に必要な力がスムーズに発揮できるようにする姿勢と考えられます。そうなると、**闇雲に力を抜いたアドレスからではいいスイングができない**ということになるため、アドレスつくりでは「力を抜く場所」と「力を入れる場所」を、その後の動きと照らし合わせながら考える必要があるということになります。

そこで、ここではゴルフスイングに必要な力を明確にしながらアドレスの姿勢について解説していきましょう。ゴルフスイングでは、トップオブスイングから左腕がクラブを真下に引きおろします。この力をクラブに使えるのは左グリップです。

アドレスのときから左グリップの3本の指は力を入れて握る必要があります。そして、ダウンスイングでは左腕が中心となってクラブを振りおろしますが、向かう方向はアドレス時の左腕があったポジションであり、体の回転と合わせてインパクト時にアドレスでつくったクラブシャフトの位置を再現しにいくことになります。そのため、**アドレス時の左腕は強く左胸に引きつけておく**必要があります図1。すると、インパクト時には、腕とシャフトの間にアドレス時と同じ角度が再現されることとなります。

この角度は左腕の地面への「押し力」と右人差し指の「引き上げ力」によってつくられるため、右手の引き上げ力はそれほど強い力を必要とはしませんが、左腕の押さえる力と均衡状態を保つ必要があり、これもアドレス時から力を加えておく必要があるのです図2。

また、ボールを曲げないためには、フェースのローテーションを抑える必要があります。そのためには、両手はスイング中に右手の生命線と左手の親指を密着させてスイングすることで、手首は縦方向の動きを強め、横方向の動きが行えないようにします。

このような左右の手の一体感を安定させるには、両ヒジのしぼりで左右の手に密着感を強めます図3。このしぼりは、胸筋の外側に筋肉で両ヒジを下に向けるようにすることで行われます。

肩の僧帽筋《そうぼうきん》と大胸筋の外側の筋肉は場所が近いので混同しやすいのですが、しっかり分けて僧坊筋には力は入れないで、大胸筋の外側の筋肉で両ヒジをしぼるようにします。

このように見てくると、アドレス時にはリラックスというだけでは済まないことがわかるでしょう。

安藤流アドレスのつくり方-Ⅲ

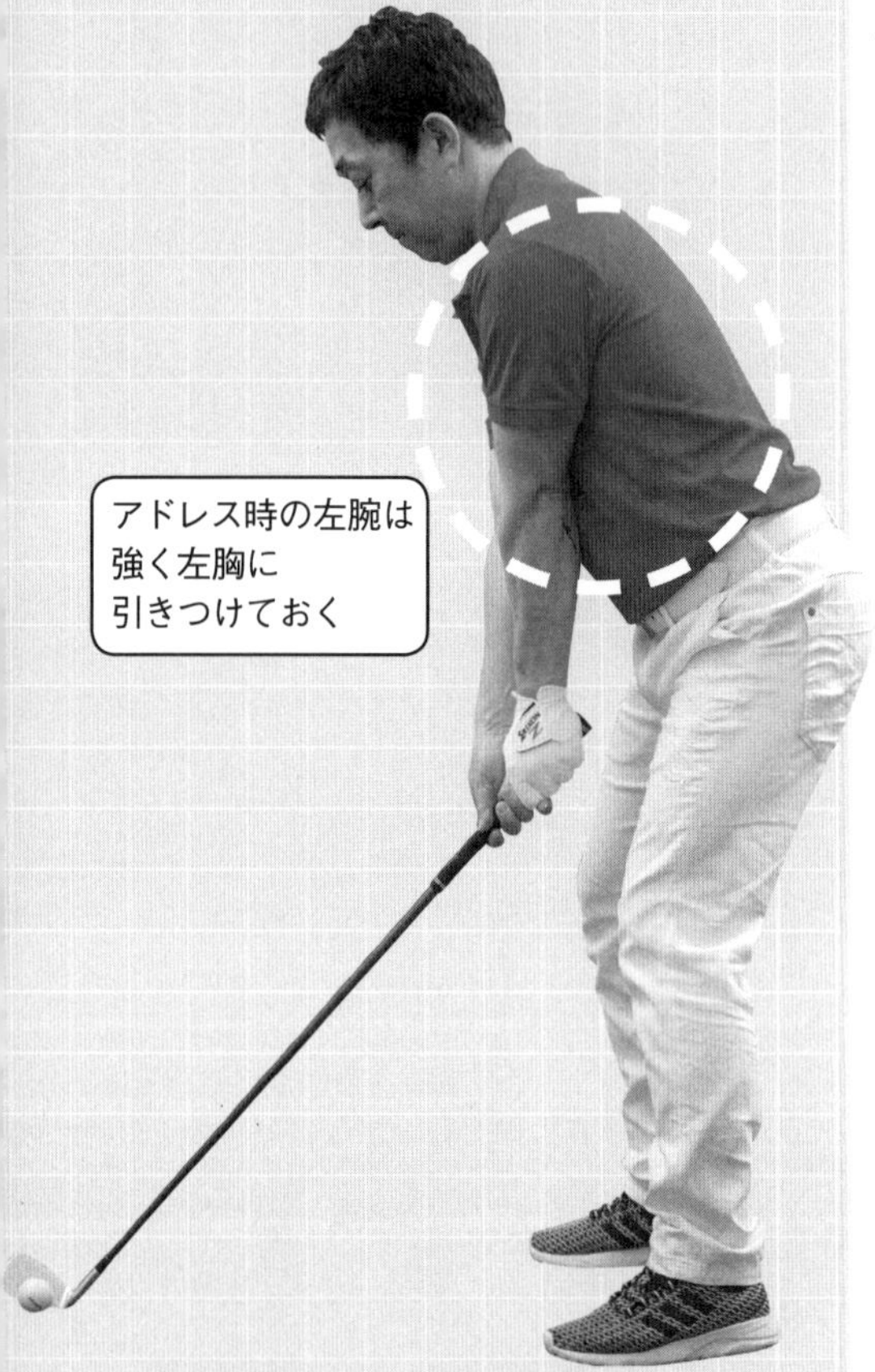
アドレス時の左腕は
強く左胸に
引きつけておく

図1 引きつけられた左腕

図2
右腕の支え力
右手の引き上げ力は
左腕の押さえる力と
均衡状態を保つ
図3
両ヒジのしぼり
両ヒジの
しぼりで
左右の手に
密着感を
強める

POINT **アドレス時には、左腕は引きつけ力と押し力、右腕は支え力、両ヒジはしぼり力を入れ、それ以外はリラックス！**

やってはいけない!

第二章 「基本動作」編

やってはいけない！08

頭を動かさず、ボールを見続ける

ゴルフレッスンでは、「ボールをよく見ろ」が定説になっていますが、実際はそうではありません。

それは、プロゴルファーの顔の正面がアドレスからトップまでに動いているのを見れば、この定説が間違っていることがわかります 図1。

正しくは、「バックスイング中に顔の正面は若干右側を向く」です。これによって、両肩がスムーズに回転します。ただし、この間もボールは視界のなかにとどめておきたいので、「目の中」で眼球が動くことになります。

この眼球が動く状態は、ボールを凝視していてはつくれません。凝視とは文字などを見るときの物の見方ですが、トップのときに、「あのボールにクラブヘッドを当てるんだ」というようなボールを狙う感じの見方をすると、どうしても凝視になり、目の中で眼球の位置が固定されてしまうのです。

これにより顔の面が動かず、肩が回転し難い状態をつくってしまい、ミスショットが発生するのです 図2。

目の中で眼球が動く状態をつくるには、**ボールを「景色を見るような感じ」で見る**ことが必要です。

電車のなかから景色を見るときは、顔の面は動かさず景色を目で追っていることが多いでしょう。このような見方をすれば、バックスイング中にボールは目で追えるため、顔の面は若干右に動き、肩はスムーズに回るのです。

この顔の向きとボールの見方を覚えるには、まずトップオブスイングをつくり、その後、顔の面を動かして、完全に飛球線後方を見るようにします。

次に顔をボールの方に戻し視界にボールを収め、首に負担のない顔の向きを決めます 図3。

そして、その顔の向きで、眼球の動きだけでぎりぎり見える右側の位置（右足くるぶしの後方辺り）に別のボールを置き、眼球の動きだけで両方を2、3回見たうえで正球をヒットする。

この練習を繰り返すことで、ボールを凝視することなくスイングできるようになります。

図1
**プロゴルファーのアドレスと
トップオブスイングの帽子のツバの向き**

図2
顔の面が動かない
トップオブスイング

×

練習方法

図3
首に負担のない
顔の向きを決める

顔はボールの
方向に戻し、
視界にボールを
収める

POINT **景色を見るような感じで、ボールを凝視せずにスイングする**

やってはいけない！09

スイング中に力まない

一般のアマチュアゴルファーはティーショットを打つときに、「力みすぎじゃない？」と言われる場合が多いようです。そのため、多くの人がスイング中に力を抜くことに神経を注いでいます。練習場などでは、「もっと軽く打てればなあ、軽く打っても飛距離は変わらないいんだよなあ」というセリフをよく耳にします。

しかし、本当にそうでしょうか？

すべての力を抜いてしまったら勢いよくクラブを振ることはできないはずです。もし、すべての力を抜いてしまったら、当然ながら飛距離は望めません。しかし、誰もが「ナイスショットを打てたときは力がまったく入っていないんだよなあ」と言います。

これはなぜでしょうか？　じつは、ナイスショットを打ったときには、「腕の力を使っていない」ということなのです。つまり、体の回転でクラブを振ってボールを飛ばしたために、力が入っている感じがしない――。

人間は、腕が力んでいるのは感じられるのですが、脚や体幹が力を発揮しているときは、あまり感じにくいのです。ナイスショットのときは、腕はクラブを上下に動かすだけで、そのクラブを「体の回転」で振ってボールのある位置まで運び、ボールをヒットしていたのです。つまり、腕の力は使っていないのです。だから力を使っていないと感じたのです。

さらに、腕がクラブを上下に動かすなかでも、特に、**最も力みやすい右腕がクラブの振り上げを担当していると、力が入っていない感じは強くなる**わけです。

そこで、スイング中の一連の力の使い方をまとめてみると、アドレス姿勢から体の回転でクラブを後方約45度の位置まで運ぶ図1。その位置から手首のコック動作が始まりますが、この動作では左腕はアドレス時と同じ下方向の力を加えているところに、右手首がクラブを縦方向にテコのような動きを行っています。この間、体は残りの45度回転を行い、トータルで90度回転となり、図2のような姿勢ができます。

そして、右ヒジが右手首の縦方向の動きに合わせて縦方向に上がりながら曲がることで、クラブをトップオブスイングへと運ぶのです図3。トップオブスイングからは、今まで何もしていなかった左腕がクラブを真下に引き下げます図4。

この方向は飛球線後方から見ると右足かかとの方向です。そして、この右足かかと方向におろされているクラブは左脚による回転でボールの位置まで運ばれボールをヒットするのですが、インパクトまでというのではなく、一気にフォロースルーまでクラブを運びきってしまうのです図5。

　インパクト以後は、トップオブスイング以降、何もしていなかった右手首が再びコック動作を行い、それに合わせて右ヒジを曲げてクラブシャフトを振り上げ、最後は左肩の上に収めてしまいます。この間、体の回転は進行を続け、腕の動きと合わせてフィニッシュ姿勢をつくります。

スイング中の一連の力のつかい方

図1 アドレスから体の回転でクラブを後方約45度へ

図2 右手のコックを使いクラブを縦に

図3 トップオブスイングの完成

図4 左腕でクラブを真下へ

図5 一気にフォロースルー

POINT **力を抜くのは、特に力みやすい「右腕」だけ。他の部位には、適度な力感が不可欠！**

やってはいけない！10

重心移動は「右」「左」

ゴルフスイングでは、「スイング中に重心を左右に移動させる必要がある」と一般的にはとらえられています。バックスイング時に右足に移した重心を、ダウンスイングからフォロースルーにかけて左足に移しながら体を回転していくと飛距離が伸びると思われているのです。

しかし、その一方で「左右の重心移動は必要ない」「わざわざスイングを難しくするだけ」という考えや、ツアープロのトップオブスイングの重心配分を計測するとせいぜい「左足4：右足6」というデータも算出されています。

そこでここでは、スイング中の左右の重心移動について考えてみます。

ゴルフスイングでは、体幹部は回転運動を行います。つまり、左右の動きはないはずであり、もし行えば回転の速度は遅くなってしまいます。そう考えると重心移動は発生しないことになりますが、回転軸の位置が変わると、重心移動が発生することがわかります。

まず、脳天を軸として体を回転させた場合図1でわかるように、重心の移動は発生しません。しかし、背中の後ろ側、背骨の位置を軸として回転した場合、ただ回転しているだけにもかかわらず重心移動が発生してしまうのです図2。

そして、目の位置を動かさずに回転した場合は、軸は胸の前になり、通常のスイングとは逆の重心移動が発生してしまいます。これを一般的には「リバースピボット」と言っていますが、軸が逆というのではなく軸の位置が違うので、重心の移動が逆になっているのです図3。

さらに、**腰と肩の回転位置については、ダウンスイングからフォロースルーにかけて腰を左足の力で回転させるのが正しい**のです。そのため、バックスイングでも体を左足の上で回転させるとダウンスイング以降の動きがスムーズになります。この位置で上半身も回転した場合は、完全な左足重心になってしまいます。

しかし、上半身は背骨軸で回転するために、肩はバックスイング時に右足の上に移動する回転を行います。これによってトップオブスイングの重心は若干右足寄りになるのです。

このようにみると、バックスイングの右重心は、なったとしてもほんのわずかです図4。

図1 脳天を軸とした体の回転

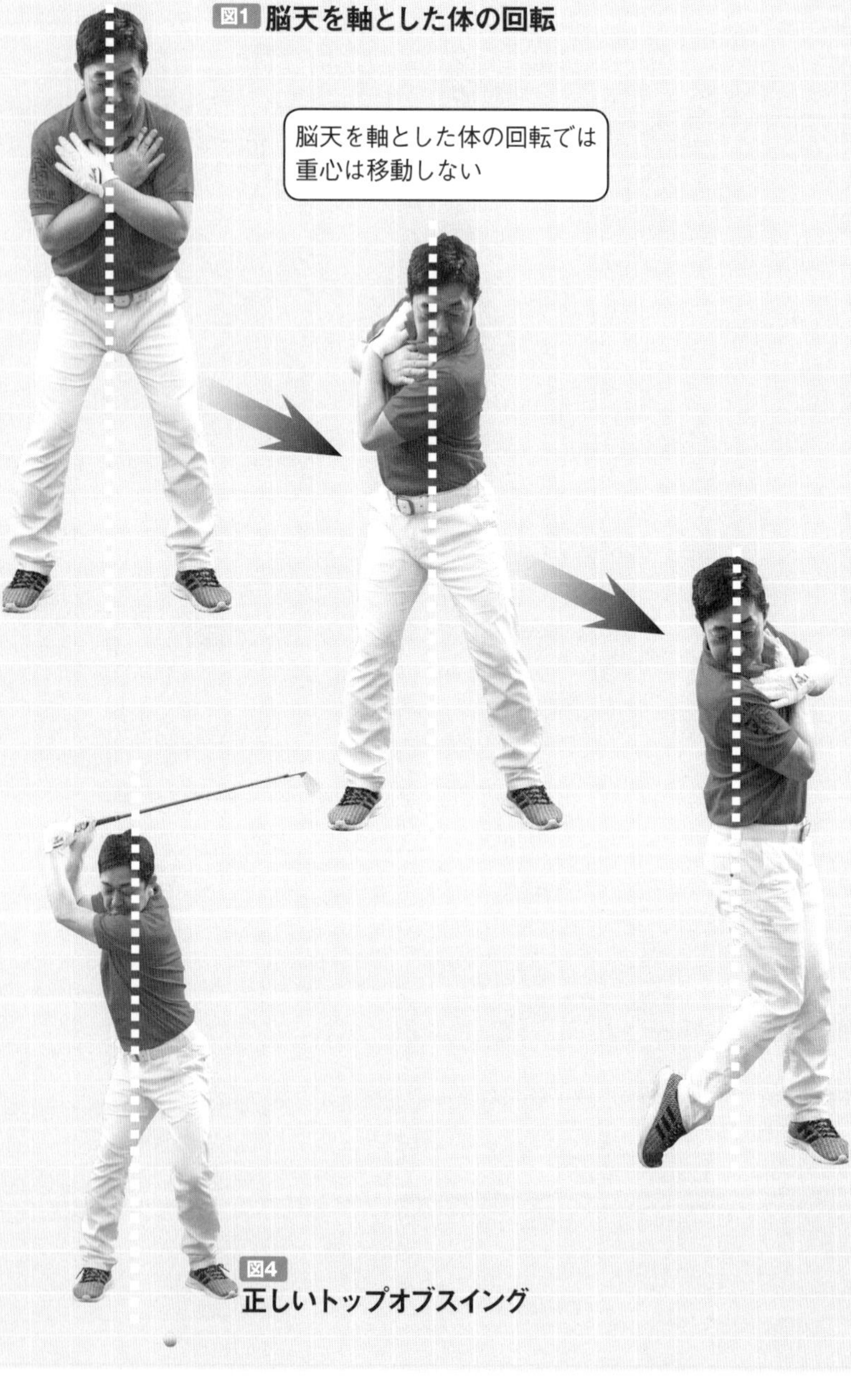

図4
正しいトップオブスイング

図2 背骨を軸とした体の回転

背骨を軸とした体の回転では
重心は移動してしまう

リバースピボットでは
重心の移動が逆になる

図3 リバースピボットの重心移動

POINT **体重移動はあくまでも「結果」であり、意識して行わなくてもよい**

やってはいけない！ 11

始動は30cmほど真っ直ぐ引く

「バックスイングの始動の仕方がわからない」と悩むゴルファーは非常に多いようです。そこでよく言われるのが「テークバックではクラブヘッドは30cmほど真っ直ぐに引いてからインサイドに上げる」というものです。

特にこれは、スイング始動時から体を回転させずに、手首の動きだけでクラブをインサイドに引いてしまうプレーヤーのバックスイング矯正《きょうせい》によく使われるアドバイスです。

すでに説明しましたが、かつてのゴルフスイングではクラブシャフトはフラットな軌道を描いていました。このときのバックスイングのクラブヘッドの軌道を予行演習する方法として「ワッグル」という動作がありました。

ワッグルはアドレス姿勢から腕の動きを抑え、クラブヘッドを後方へ引く動きです 図1。この動きによりバックスイングを、手首でクラブヘッドを動かすという動作でスタートさせられるようにしたのです。もちろんその理由は、インパクトエリアで手首を返す「リストターン」がしやすくなるようにしたのです。

しかし、スイングがアップライトスイングになるにしたがって、手首によるスイング始動は影をひそめ、体の回転による始動が主流となっていきました。そのため手首でクラブをインサイドに引くプレーヤーのクラブの動かし方は矯正されることになり、これと同時に、ワッグルという動作はゴルフ指導から姿を消していったのです。

手首でクラブをインサイドに動かすという動作を矯正するために、「アドレスからクラブを30㎝引く」というアドバイスが登場しました。ところが、このアドバイスには大きな落とし穴があって、プレーヤーがクラブヘッドを30㎝真っ直ぐ引こうとすると、どうしても体が右に流れてしまい、頭が右斜め前に出てしまうのです。こうなるとトップオブスイング時の頭は、アドレス時の頭より若干ですが前に出てしまうことになるのです図2。

そのため、真っ直ぐバックススイング始動を励行しているプレーヤーの大半は、頭が前に出た状態からのダウンスイングによるクラブヘッドのネックがボールに当たってしまうシャンクに悩まされています。しかも、前に出ているのが若干なうえに、ダウンスイング時でないために、プレーヤーはまったく気がつかないということになるのです。また、これは**真っ直ぐ引くときに手首の角度を伸ばしてしまうという悪い癖もつきやすい**のです。

これは短いアプローチで実験していただきたいのですが、アドレス時の腕とシャフト角度を保ち続けると、バックスイング時にスエー動作をしないかぎり、トップオブスイングからインパクトまでの間にクラブヘッドは地面を触ることができません。

しかし、トップで手首の角度を伸ばしてからボールの位置にクラブヘッドを戻してみると、ボールの手前の地面を触らずに戻すことはできません。

これからもわかるように、スエー動作と手首の角度が伸びてしまうというNGは共にダフリショットを発生させる原因であり、この2つの癖をつけてしまいやすいのが「30㎝真っ直ぐテークバック」なのです。では、どうすればいいのでしょうか？

正しくはアドレス時の腕と手首を固定して、体の回転でクラブを動かすのです 図3 。そうすれば、体の動きは手首のように細かく動けないので、バックスイング軌道の再現性は高くなるうえに、わからなくなったときでもすぐにチェックができるのです。

図1 ワッグルとアドレス

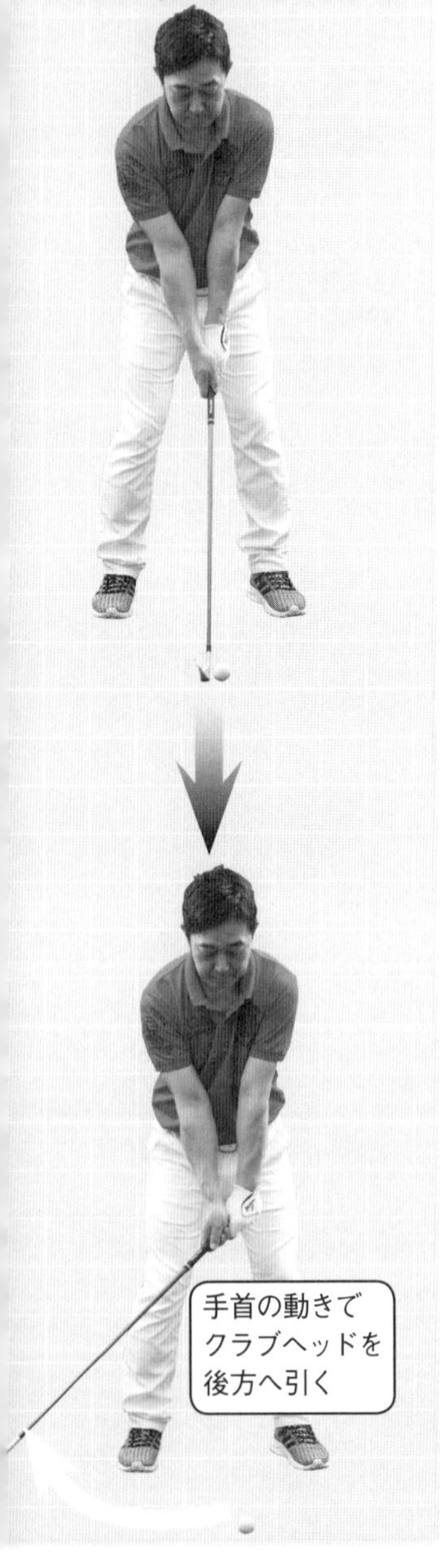

図2 真っ直ぐバックスイング

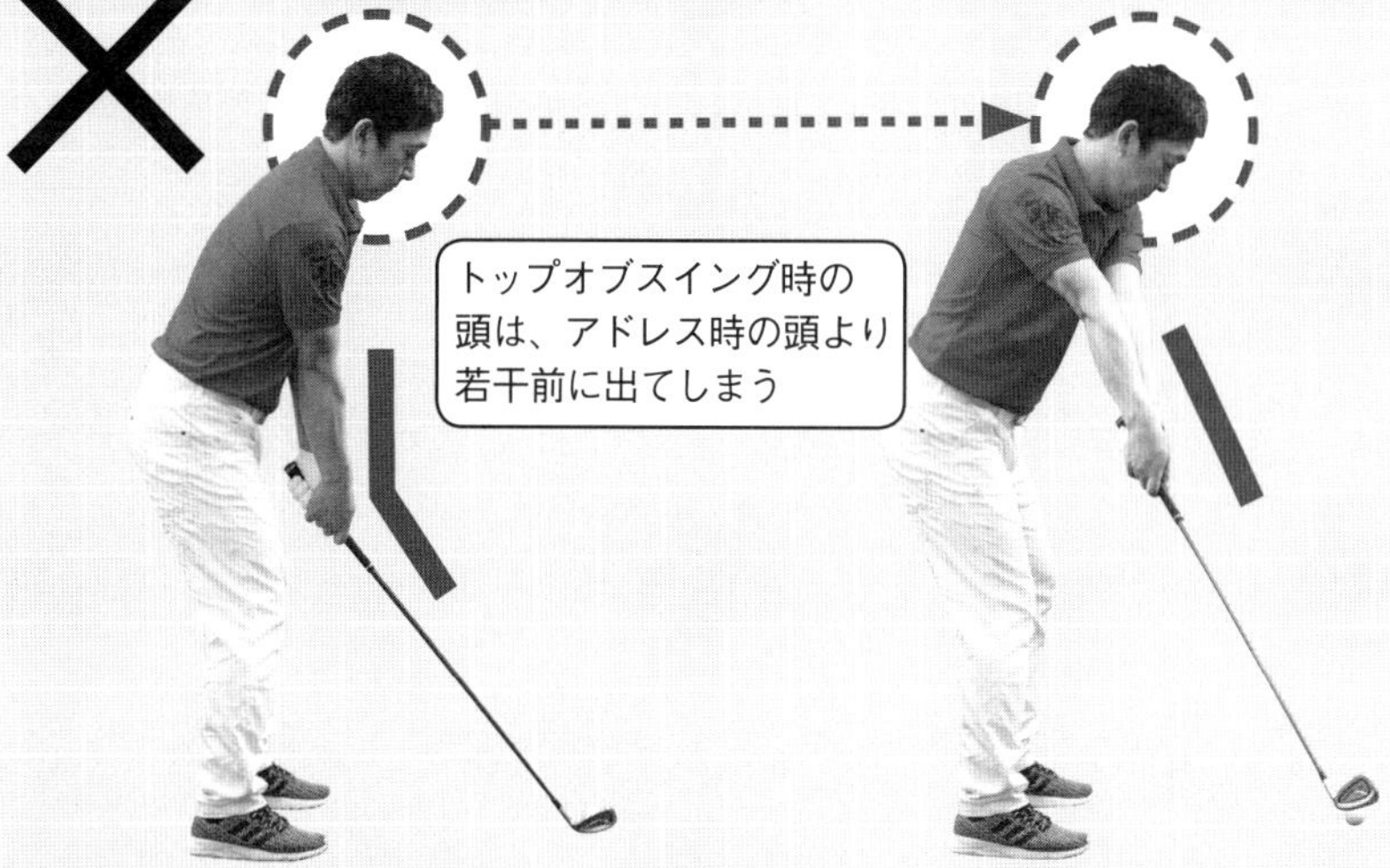
トップオブスイング時の
頭は、アドレス時の頭より
若干前に出てしまう

図3 手首を固定した体の回転によるバックスイング

アドレス時の腕と
手首を固定し、
体の回転でクラブを
動かす

POINT **真っ直ぐテークバックでは、「手首の角度を伸ばしてしまう」という悪癖がつきやすい**

やってはいけない！12

バックスイングで左腕を伸ばす

「トップオブスイングの左腕は曲がってはいけない」と考えているプレーヤーは多いようです。たしかに、ゴルフスイングの指導書でもそういった内容のことが書かれています。

しかし、実際のプロゴルファーのスイングを見ると、左腕が伸びているようなプレーヤーもいますが、明らかに曲がっているプロゴルファーもいます。特に、シニアのプレーヤーは左腕が伸びきっていない場合が多いようです。

つまり、左腕の伸びは年齢、すなわち筋肉のやわらかさと関係があり、しっかりボールを打つためには、「左腕の伸びは絶対ではない」ということです。

古《いにしえ》の時代、スイング中にクラブシャフトはフラットな軌道を描いていました。その理由は、この時代にクラブシャフトに使われていたヒッコリーの木は「しなり」が大きかったのです。そこで、インパクトエリアで体の回転を減速してリストターンという「手首の返し」を使わないとボールが真っ直ぐ飛ばなかったのです。

このフラットスイングでは、ダウンスイング時のクラブシャフトの軌道が斜めになる図1ために、左腕を伸ばしたままスイングする必要があったのです。

これに対して、現在主流となっているアップライトスイングの場合は図2のように、トップオブスイングからクラブシャフトは矢印の方向におろされるため、トップオブスイングで、たとえ左ヒジが曲がっていても引きおろすときには伸ばされることになります。そのため、**アップライトスイングでは無理に左腕を伸ばす必要はない**のです。

しかし多くのアマチュアの方は、無理に左腕を伸ばしてバックスイングしているため、トップで背中が左足の方向に反ってしまっています図3。このようなトップでは、そのまま回転すると、クラブヘッドが斜め上から振りおろされるカット軌道を描いてボールをヒットするため、プルボールが多くなります。そのため、体の軸をいったん元に戻してから回転しなければならなくなりスイングスピードは落ちてしまいます。そして最終的には、体の軸が反ってしまう前でクラブの振り上げを止めるトップにいきついてしまいます。

このスイングは、一見コンパクトでいいスイング図4と思われがちですが、トップが小さいためにやはり飛距離は出ません。**左ヒジさえ無理に伸ばさなければ、腕を十分に振り上げても体の軸が崩れないスイングができる**のですが、ゴルフスイングに対する先入観がこれを邪魔しているのです。

図1
《古の時代》
フラットスイングのトップオブスイング

図2
《現代の主流》
アップライトスイングの
トップオブスイング

図3 背中反りのトップオブスイング

背中が
左足の方向に
反ってしまう

トップが
小さいため
飛距離が出ない

図4
**一見よさそうにみえる
コンパクトなトップオブスイング**

**POINT 左ヒジさえ無理に伸ばさなければ、
腕を十分に振り上げても
体の軸が崩れないスイングができる**

やってはいけない！
13

バックスイングで右脇を締める

「トップでは、右ヒジをしぼれ」という言葉もよく耳にします。この「締める（しぼり）」を、「体からヒジを離すな」と勘違いしているプレーヤーが多いようです 図1。

たしかに、右脇にタオルなどを挟んでのバックスイングの練習は、指導書などでよく紹介されています。しかし、それはクラブの振り上げ位置と振り抜き位置が低いフラット軌道のスイングでのバックスイング動作を覚えるための練習方法なのです。

そのため、現在主流となっている振り上げ位置と振り抜き位置が高いアップライトスイングの習得には効果的ではありません。

しかし、右ヒジの向きについては、下方向に向けておくことは重要です。ここからわかることは、ヒジの「しぼり」というものが明確にされていないということです。

ゴルフスイングは、かつては、フラットな軌道でクラブシャフトを動かしていたことはすでに説明しました。この時代は、「右ヒジが極端に体から離れるスイングはよくない」

とされていました。実際に1900年代前半のスイングを見てみると、1970年代以降に比べて手の位置が低いことがわかります。

これに対して、手の位置が高いスイングでは、クラブをボール方向ではなく右足のくるぶしの方向におろすように動かしながら体を回転させるため、右ヒジも下に向けたほうがスムーズにダウンスイングが行えるということなのです図2。これからもわかるように、ゴルフスイングの指導では、**ゴルフスイングそのものが道具の変化と共に変化している**にもかかわらず、指導法は整理されていないというところに問題点があります。

しかし、ゴルフスイングが徐々に変化してきたことは図1と図3のように並べて比べて見ればわかります。ところが、実際は歴史のなかでゆっくりと変わってきたため、どこからどこまでが一つのまとまった型のスイングとしてとらえればいいのかは、非常に難しいのです。

さらに、それぞれのスイングの部分的な修正方法も混在しています。現在のスイングは、トップでの腕の位置が高いアップライトスイングですので、アドレス時に右脇にタオルを挟んだとすれば、トップまでにタオルは地面に落ちなければなりません。

では、いつ右脇は体から離れるのでしょうか？　それはバックスイングを3分割してみるとわかります。その3分割とは、バックスイングでクラブが45度回転によって動かされた「8時の位置」（図2❷）、そしてコック動作が完了した「L字の形」（図2❸）、そしてトップです図3。たしかにバックスイングは連続動作ですので、ここまではっきりとは分かれませんが、スイング中の大きな動きはこの3段階で理解できます。

まず、第一段階の「8時の位置」まではアドレスの上体の形は変えず、体を45回転させた姿勢になり、第二段階で残りの45度回転を行いながらコック動作を完了させ、腕とクラブシャフトでL字型をつくります。そして、第三段階のリフトアップ動作で、クラブはトップまで運ばれます。このようにトップまでの一連の体の動きを見てみると、右脇に挟んだタオルが落ちなければいけないのは第二段階のL字までの腕の動きのときで、これによってタオルは右足の前に落ちるのです。

図1
右脇を締めたバックスイング

図2
右ヒジを下向きにした
バックスイング

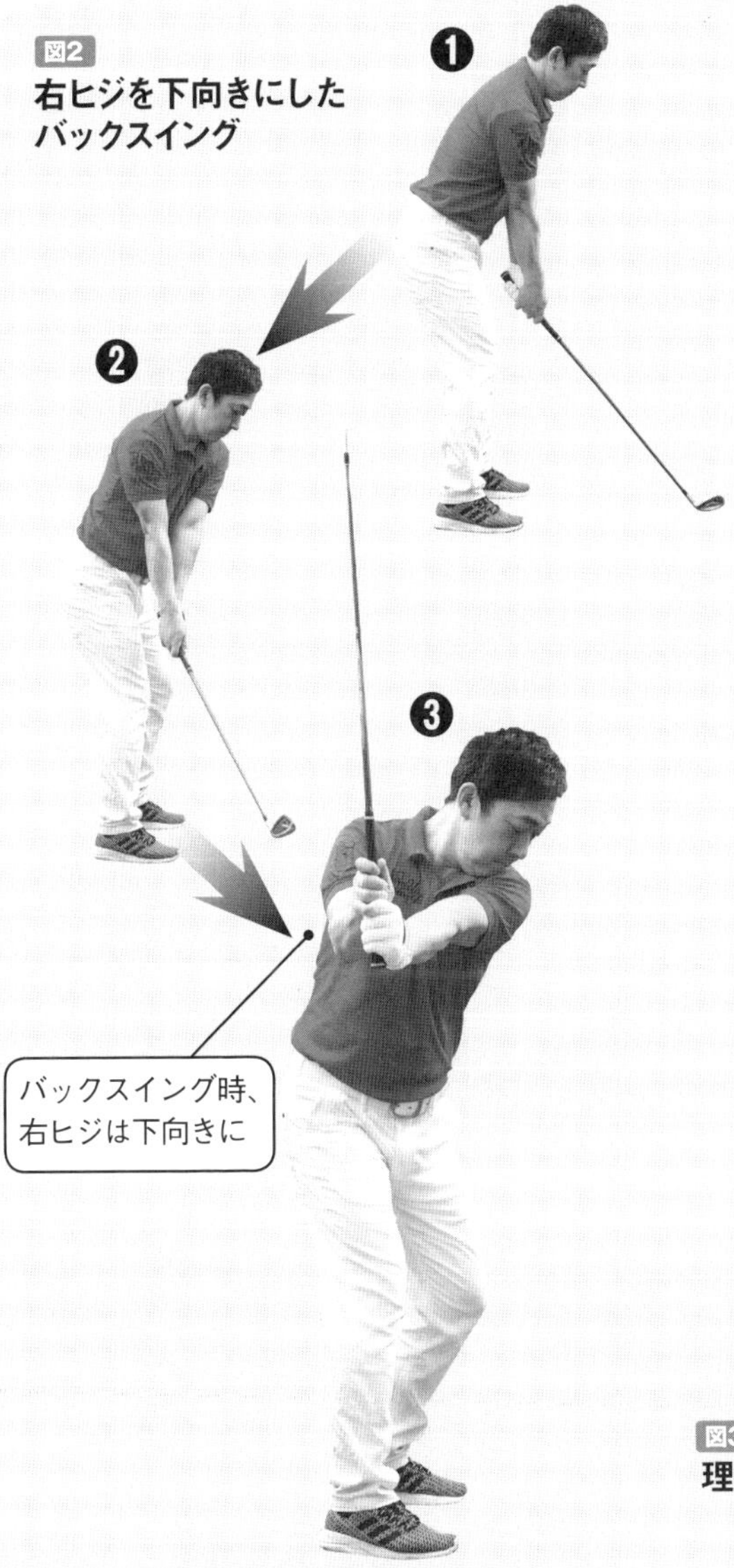

図3
理想のトップオブスイング

POINT 右脇を締めたままでは、理想的なトップの形はつくれない

やってはいけない！14

下半身を固定しバックスイング

バックスイング時に下半身は動かさずに上半身だけを回転させて体をねじることを目標に練習しているプレーヤーをよく見かけます。

しかし、このような考えで練習しているプレーヤーはたいていの場合、腕だけのバックスイングを行ってしまい、トップでの体の回転が浅くなっているという場合が多いのです。

これらのプレーヤーが目標としているのは、下半身を止めながら、「上半身を回転させることで体幹部にねじれをつくる」、そして「切り返しのときに、そのねじれを戻すことでダウンスイング以降の体の回転速度を上げて飛距離を伸ばす」ということです。

しかし、プロゴルファーのように筋力も柔軟性もない一般のアマチュアプレーヤーには、必要以上にねじれをつくる回転は体力的にちょっと厳しいものがあります。

では、そのような回転ができないアマチュアプレーヤーはどのように回転すればいいのでしょうか。それを明確にする必要があります。

そこで、ここで問題になるのが、ゴルフスイングに用いる「回転の原型」です。特に、バックスイングスイング時の腰はどういった動きをするべきなのかということが問題なのです。バックスイング中の腰の動きは、図1のように右のお尻を左のかかとの上に向かって動かします。この腰の回転は下半身、特に左右のヒザがどれくらい回転を止めるかによって右足及び体幹のねじれが強くなります。

たとえば、一般的にアマチュアにおすすめの回転深度は、左右のヒザを結ぶラインが45度、両腰骨を結ぶラインが60度、両肩を結ぶラインが90度です図2。

この回転では、右ヒザはアドレス時の向きと角度をキープしようとするために、腰の回転との間に引っ張り合いが起こり、右太腿《ふともも》がねじられることになります。

一方、左ヒザに関しては、回転で45度ほど右足に近い位置に動きますが、左肩は90度回転します図3。このときの左ヒザと左肩の位置のずれによって体幹部にはねじれが生まれるのです図4。このような回転のメカニズムのなかで、プロゴルファーもアマチュアゴルファーも**守るべきことは、「トップオブスイングの90度回転」**です。

ただし、プロとアマでは筋力や柔軟性に違いがあるので、同じ90度回転した肩であっても、腰やヒザの動きはアマチュアの方のほうが大きな動きを必要とするため、ねじれは少なくなります。また、そうしなければ肩は十分に回転しないのです。

図1 バックスイング時の腰回転の原型

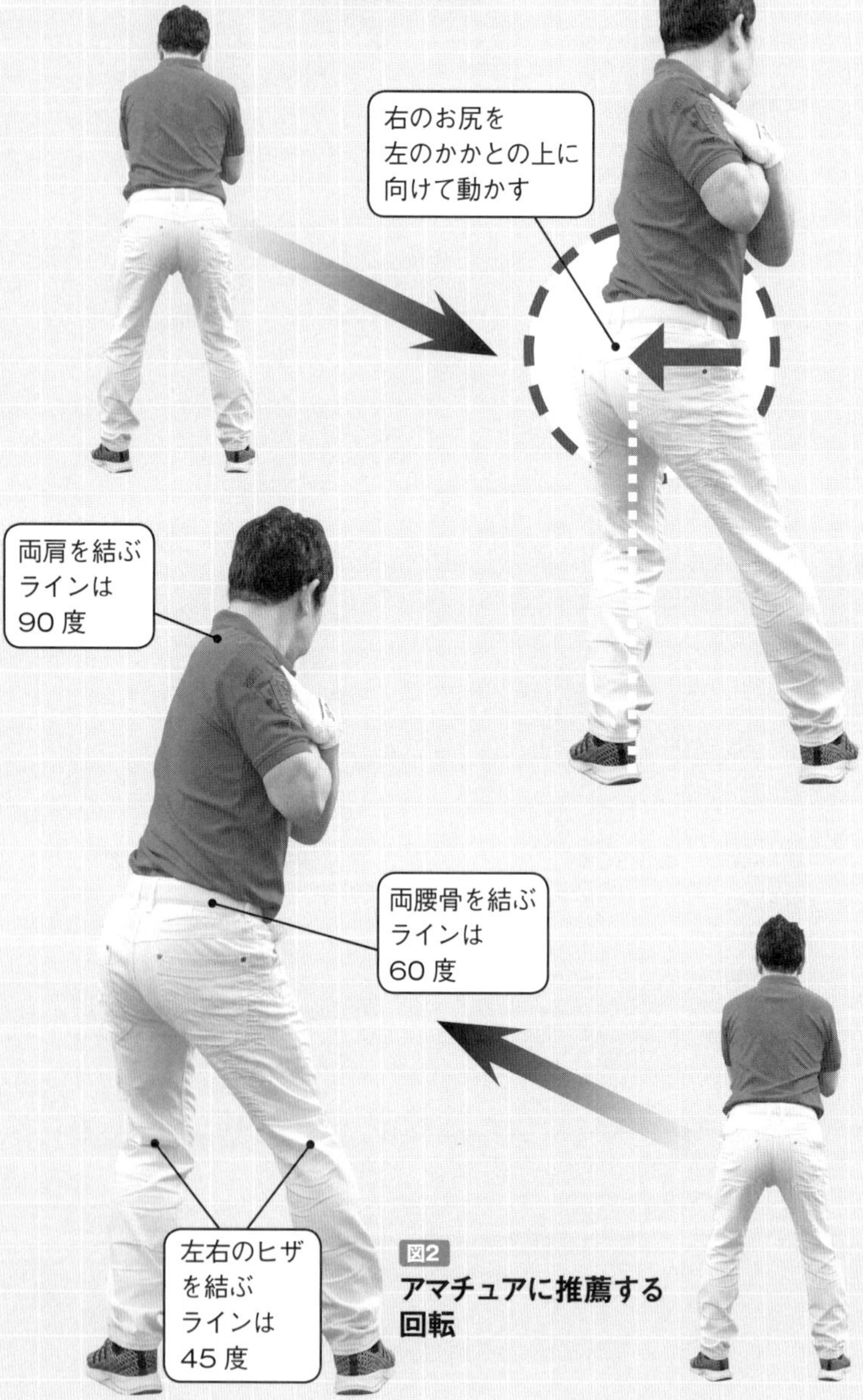

図2 アマチュアに推薦する回転

図3
左ヒザの移動と左肩の回転

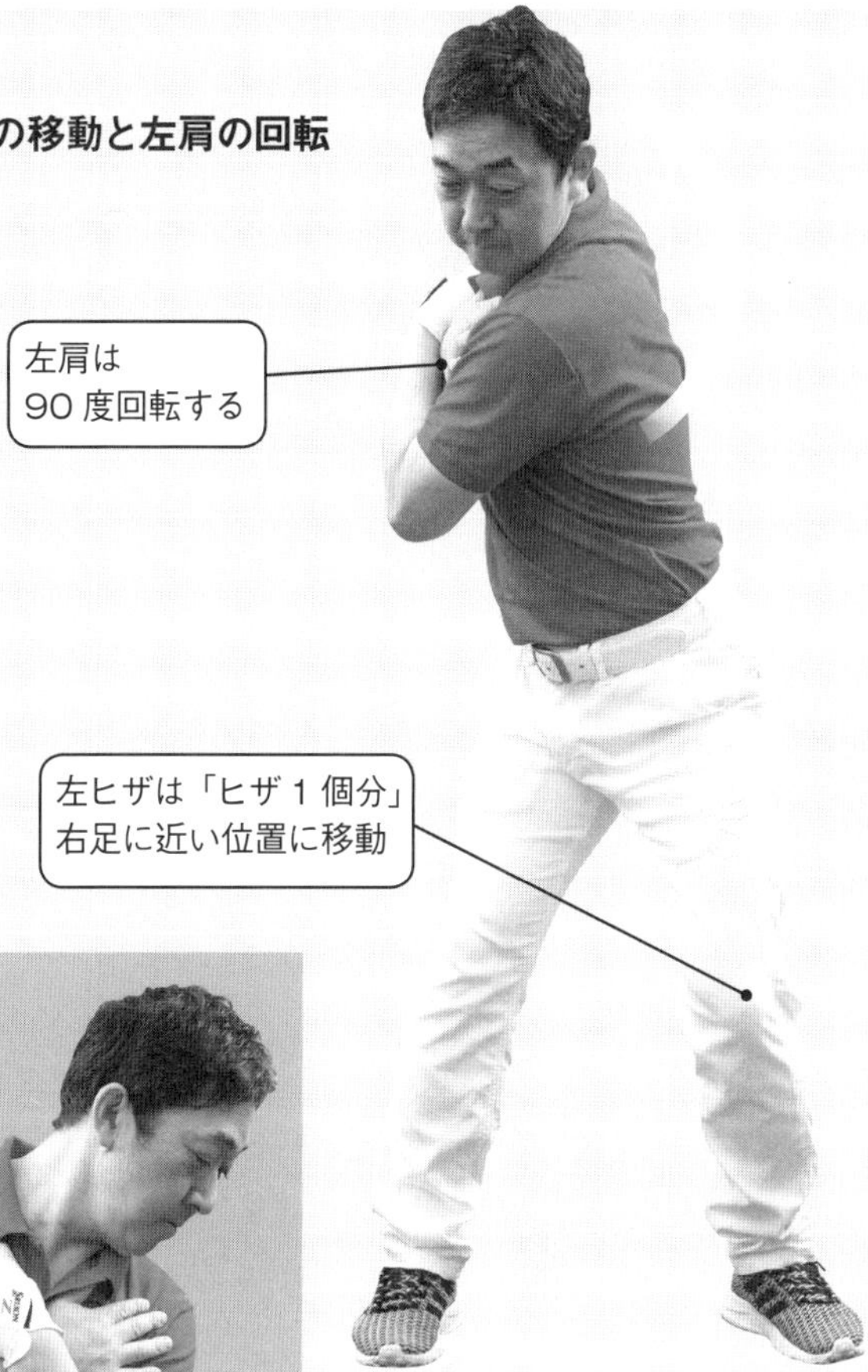
左肩は
90 度回転する
左ヒザは「ヒザ 1 個分」
右足に近い位置に移動

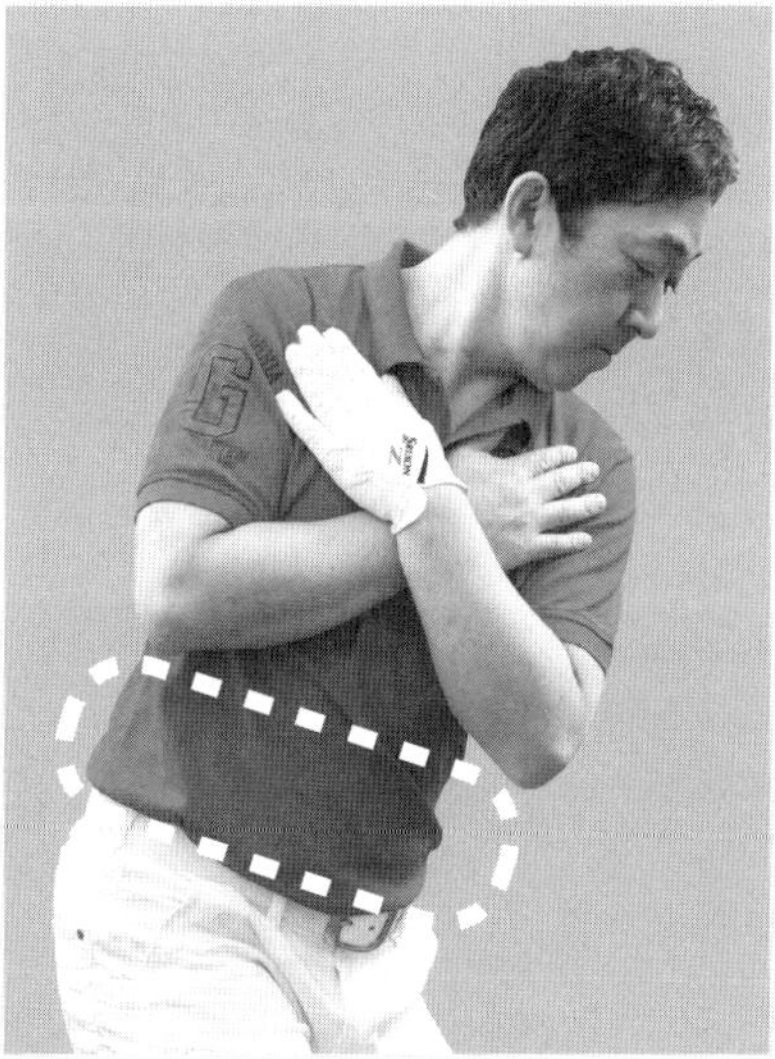

図4 **体幹部に生まれるねじれ**

POINT 大切なのは「トップオブスイングの90度回転」！

やってはいけない！15

左ヒザを前に出さない

バックスイング時には、アドレス時の両ヒザのラインを固定したままにして「上半身をねじることが飛距離を伸ばすコツ」と考えているアマチュアプレーヤーは多いようです。

この注意点を守ろうとするプレーヤーの多くは、左ヒザをできるだけ前に出さないようにがんばろうとしているのですが、がんばりきれずに左ヒザが右ヒザに寄ってしまい、右ヒザが押し出されるように右に流れていることが多いのです。

この動きによって体全体はスエーしてしまうのです 図1。

このように下半身が無用ながんばりをしてしまうと、トップでの体の回転が不十分なだけでなく、ねじれに無理がありすぎて、ダウンスイング時の下半身先行の回転もできなくなってしまいます。こうなるとトップが浅いうえに、上半身と下半身の間のずれもつくれないため、ヘッドスピードは落ち、クラブヘッドは極端にアウトサイドからおりることになって、飛距離の出ないプルボール、もしくはシャンクが多くなってしまいます。

たしかにプロゴルファーのトップでの左ヒザは、それほど大きくは前には出ていません。ただし、この動きは「下半身の動きを抑えて上半身を回転させることによって体幹をねじり、体の回転速度を速めて飛距離を伸ばす」という動きなのです。

アマチュアプレーヤーが行った場合は、たとえヒザの動きが正しく抑えられた場合でも、上半身、特に肩の回転が浅くなってしまいます。

ゴルフスイングで重要なのは「肩の回転」です。にもかかわらず、ねじれを強めようとして下半身を止めることで肩の回転も止めてしまうというのは本末転倒です。プロゴルファーは、「上体を十分回転させられる」という前提で下半身の動きを止め、体幹にねじれをつくっているのです。

そこで、この項ではプレーヤー各自が正しいねじれをつくる方法を紹介します。

まず、アドレス姿勢をつくり、そこから左手を左の太モモに置き、右手は右尻に置く。そして、その手の位置がずれないように両肩をバックスイング時と同様に回転させる図2。肩をトップオブスイングの90度回転を再現するように回転させるのですが、このとき左ヒザを前に出すようにします。こうすることで、左ヒザは両肩の90回転に必要なだけ右斜め前に動くことになります。

そこで、左ヒザの動きが小さすぎると手の位置がずれてしまいます。

図1 体全体がスエーするトップオブスイング

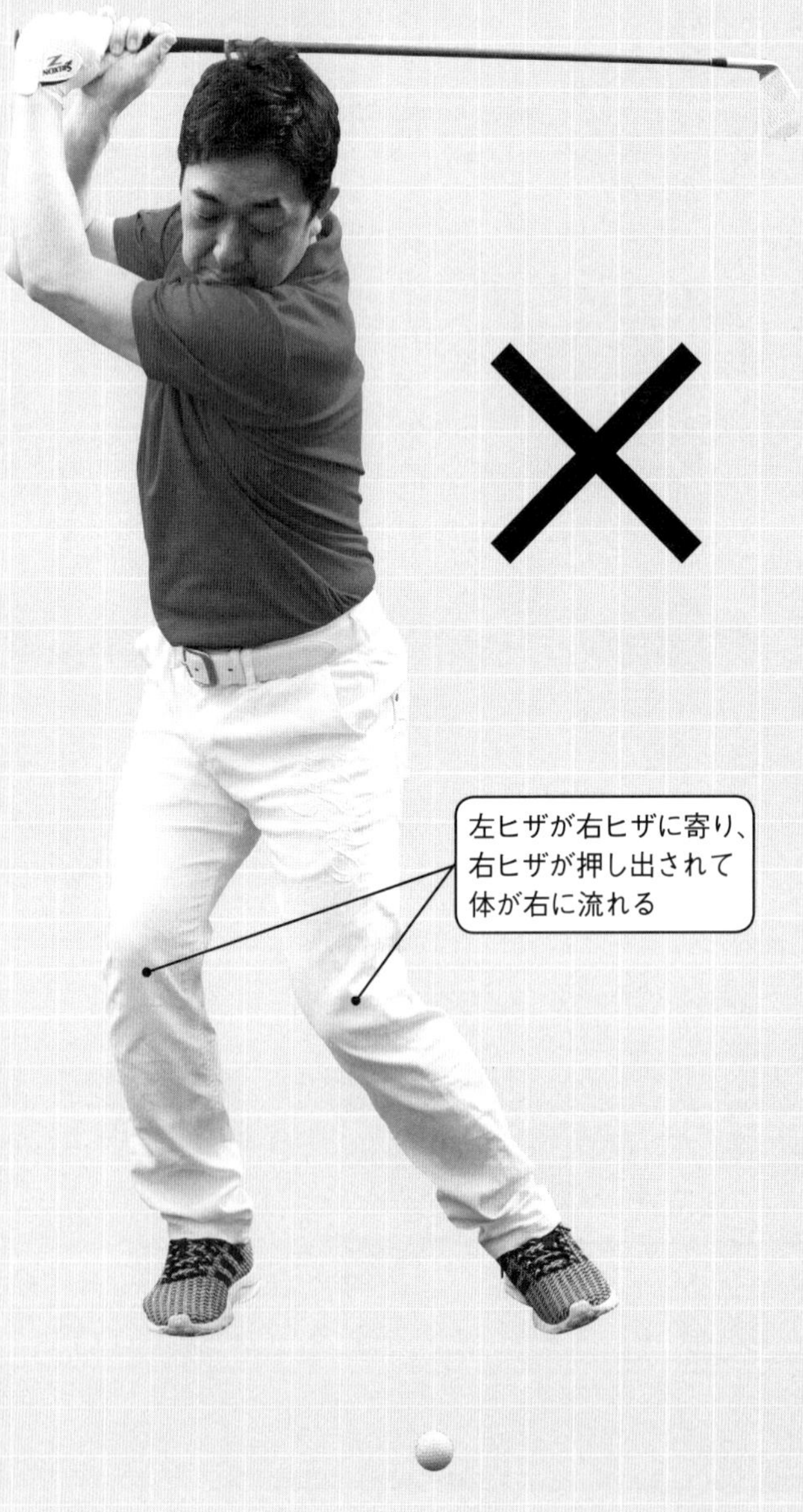
左ヒザが右ヒザに寄り、
右ヒザが押し出されて
体が右に流れる

図2 左手左ヒザ、右手右尻テークバック体操

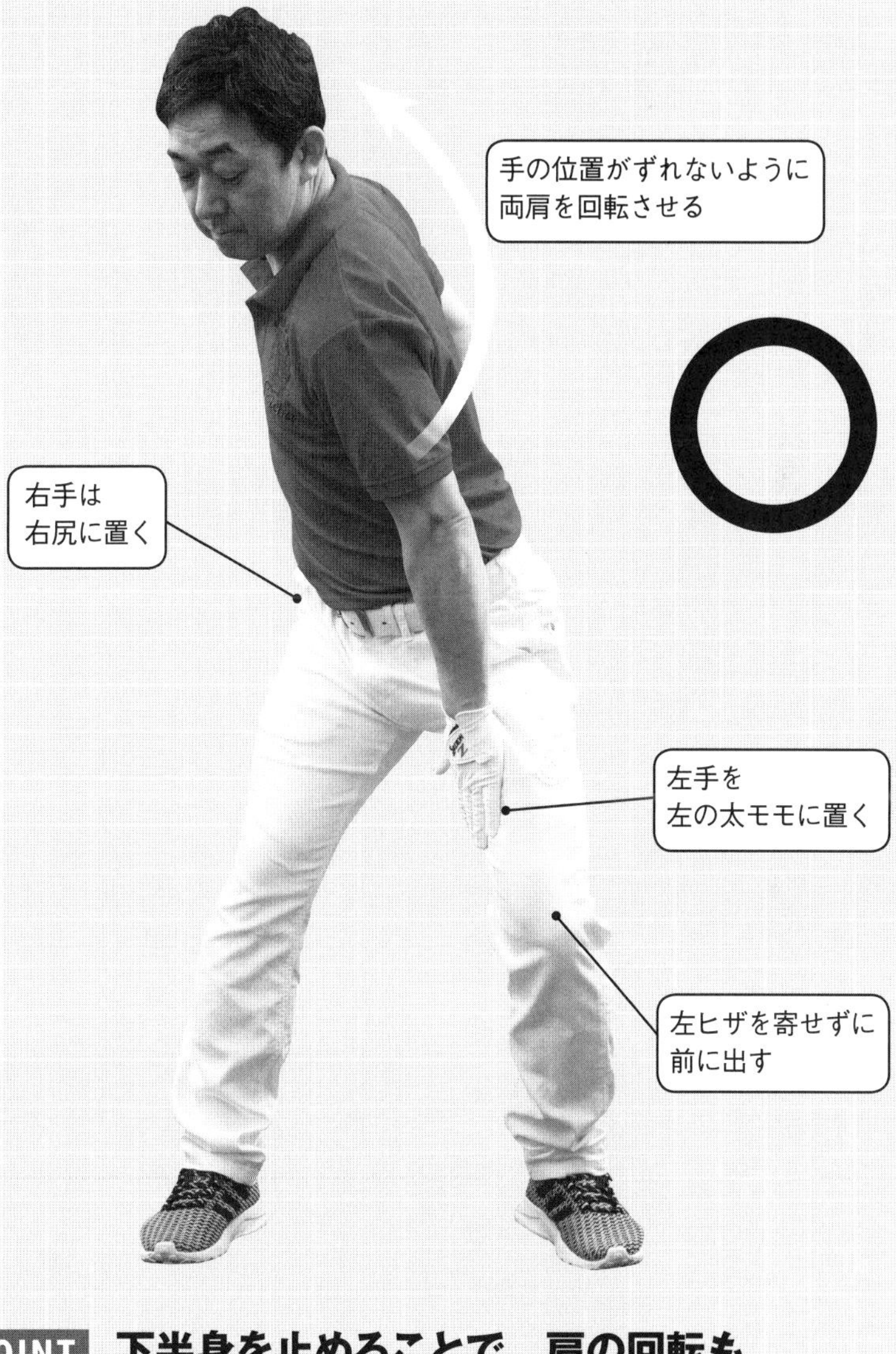
手の位置がずれないように
両肩を回転させる
右手は
右尻に置く
左手を
左の太モモに置く
左ヒザを寄せずに
前に出す

POINT 下半身を止めることで、肩の回転も止めてしまっては本末転倒だ

やってはいけない！16

バックスイングの回転は深く

ミスショットが出たときの矯正で使われる「バックスイングの回転が浅い」は一種の魔法の言葉です。

魔法の言葉とは、どんなミスショットが出ても、そのひとことで矯正できると思われて使われる一時代前のラグビーで使われていたヤカンの「魔法の水」のような言葉という意味でしかありません。もちろん、この言葉だけですべてのミスショットが矯正できるわけではありません。

しかし、私自身、ゴルフのレッスンを行っていると、多くのゴルファーの方から「トップでの肩の回転は十分ですか?」と聞かれます。特にプルボールやスライスボール、トップなどのミスショットの原因として聞かれることが多いのです。

これに対して、どんなミスショットをした場合でも、「フォロースルーの回転が浅くはないですか?」と聞かれたことはありません。

そこで、ここでは「バックスイングの回転が浅い」という魔法の言葉について考えてみたいと思います。

たとえば、ボールが左へ飛び出したときは、当然「トップオブスイングの体の回転が浅いのでは?」という疑問は起こります。

それは、**ボールが左に飛び出す原因は、クラブヘッドがアウトサイドから振りおろされることにある**からです。そうなると、当然「トップオブスイングの回転が浅いのでは?」と考えてしまいます。

でも、ある程度ボールがヒットできるプレーヤーの場合は、「バックスイングの回転が深すぎる」からプルボールが発生している場合のほうが多いのです図1。

ゴルフスイングの正しい回転は左足中心で行われます。これに対して、NG回転は右肩を前に出していくような回転です。

この2つの回転を比べてみると、明らかに後者の右肩を前に出していくような回転がプルボールを生み出しやすいのです。そして、このNG回転をしてしまう大きな原因に「バックスイングの回転が深すぎる」というのがあるのです。

ゴルフを始めたばかりのプレーヤーではなく、ある程度ボールがヒットできるようなプレーヤーの場合、バックスイングの回転が深すぎて左足の回転だけではインパクトまでクラブを引っ張り切れないという場合は、反射的に右肩を突っ込ませるようにしてボールをヒットしてしまうのです。

初心者の場合は、クラブをボールまで戻しきれずにダフってしまうのですが、ある程度の経験者になると右肩の動きで調整してボールが打ててしまいます。その動きがボールを左に真っ直ぐ飛ばすというミスショットを発生させてしまうのです。そして、さらに右肩の前に出る動きが強いとトップショット気味の弾道が発生します。

しかし一方で、深いトップスイングから右肩を突っ込ませないようにすると、初心者ほどではないにしろ若干ダフリ気味のショットが出てしまいます。そして、そのダフリをいやがり、右腕を伸ばすことでハンドファーストのインパクトをつくろうとするとプッシュボールが発生します。

そうなると、バックスイングの回転が深いということは、プルボール、プッシュボール、そしてトップショットとダフリショットとあらゆるミスショットが出てしまう原因となります。

それもかかわらず、皆さん、「バックスイングが浅くはないですか?」と尋ねるのです。

図1 深すぎるバックスイング

バックスイングの
回転が深いと、
プルボール、
プッシュボール、
トップショット、
ダフリショット
などのミスショットを
生んでしまう

POINT **「バックスイングの回転が深い」ことでミスショットになるケースが多い**

やってはいけない！17

タメをつくるためトップで止める

飛距離を出すスイングでは、ダウンスイング時に上半身は下半身に対して遅れて回転しているということがよく言われています。なので、トップで上半身を止めて下半身から先に回転させようとしているプレーヤーをよく見かけます。

たしかに、現在ＰＧＡツアーで大活躍している松山英樹プロは、トップオブスイングで、いったん停止しているようにも見えます。

しかし、トップで、体の回転を止めてしまうことは、かえって「下半身先行の回転を難しくしてしまう」ということはあまり知られていません。

上体が止まったトップから力強いボールを打とうとすると、バックスイング回転の反動が使えないため、プレーヤーは切り返しに力強さが感じられず、かえってダウンスイング時に右肩を突っ込ませることで物足りなさを補おうとしてしまうのです図1。

このようなダウンスイングでは、飛距離の出ないプルボールが多くなってしまいます。

たしかに、トップの位置でいったん停止すると、トップでのクラブの振り上げすぎは防げるのですが、下半身の先行は難しくなります。

下半身先行回転のより簡単な達成方法は、「**上半身にバックスイング方向の回転の勢いがあるうちに下半身をダウンスイング方向へ回転させる**」というものです。

この動きならば、上半身はまだバックスイング方向に回転しているために下半身、特に左脚始動による回転がダウンスイング方向への回転のスタートを切ることが可能になり、上半身は遅れてダウンスイング回転に入り、同時に体幹部のねじれは強化されることになります 図2。

さらに、上半身はダウンスイング方向への回転に入る前に、若干の左移動を行うとより下半身先行の回転は強化されます。

ただし、ダウンスイング時の下半身の回転を右脚主体で行ってしまうと、上半身の右サイド、つまり右肩は再び前に出やすくなってしまうので注意が必要です。

このように見てくると、トップオブスイングでは、いったん停止することなく、**リズムに乗ってスイングするなかで、左脚主体のダウンスイング回転を行う**ことが下半身先行の回転をするコツといえるでしょう。

図1

右肩が突っ込んだダウンスイング

○

図2

下半身の回転が先行したダウンスイング

上半身は
遅れてダウンスイング
回転に入る
体幹部のねじれは
強化される

POINT トップの位置で一旦停止すると、下半身の先行が難しくなる

やってはいけない！18

ダウンスイングでは「グリップエンド」をボールに向ける

ダウンスイング映像に、アドレス時のクラブヘッドから頸椎の辺りを結ぶスイングプレーンを示す線を引き、「クラブシャフトはその線上をなぞるように振りおろされるべき」とか、アドレス時のクラブシャフトの延長にもう1本の線を引いて、「この2本の線の間をクラブシャフトが通れば正しいダウンスイング軌道になる」という解説を聞いたことがあるでしょう 図1。

そして、このダウンスイング軌道を身につけるために、「グリップエンドをボールに向けるようにしながらクラブを引きおろす」という指導がよく行われています。

これらの情報をどこかで入手して、ダウンスイング時にクラブシャフトを斜めにおろそうとして右にプッシュボールを打っているプレーヤーをよく見かけます。そのため、結局、最終的にはこの線を無視してスイングしなければならなくなるか、インパクト時に強烈に手首を返すことが必要になってしまうのです。

ダウンスイング映像で正しいシャフトの傾きを実現しているプロゴルファーたちは本当にグリップエンドをボールに向ける意識でクラブを振りおろしているのでしょうか？

じつは、このクラブの傾きは、クラブヘッドの慣性によって自然にできるものなのです。慣性とは物体がそこに留まる力で、この場合はウエイトと考えていただければ十分です。

ダウンスイングでクラブシャフトが傾いているときの映像を見てみると、グリップの部分には体の回転により図2にあるように矢印の方向に力が働いていることがわかります。

この力はクラブシャフトを通して手元に伝わり、若干遅れてクラブヘッドに伝わります。クラブヘッドには慣性があるため、クラブシャフトは結果的に傾くことになるのです。

このように見てくると、ダウンスイング時にクラブシャフトを斜めに振りおろそうとすれば、そこにさらに自然のシャフトの傾きが加わり、クラブシャフトは必要以上に倒れてしまいます。

この必要以上のクラブシャフトの倒れは、そのままインパクトエリアのクラブヘッドの遅れすぎにつながるため、プッシュボールが多くなってしまうのです。

では、トップの位置からクラブはどの方向にどのように振りおろせばいいのでしょうか？

じつは、トッププレーヤーはトップオブスイングからクラブを真下（右足のくるぶし方向）におろしています。この方向におろすクラブのグリップに体の回転の力が加わり、ダウンスイング時のクラブシャフトは傾くのです図3。

この方法ならば、クラブシャフトが短いクラブの場合は、グリップエンドとクラブヘッドそれぞれに回転の力が伝わる時間のずれが少ないため、シャフトの倒れ率は小さくなります。

しかし、アドレス時のボールの位置は近いため、グリップエンドはボールを指すようにおりてきます。

一方、シャフトが長いクラブの場合は倒れ率が大きくなるのですが、アドレス時のボールの位置が遠いため、やはりグリップエンドはボールを指しながらおりてきます。

そして、ダウンスイングのクラブシャフトの傾きは、インパクトエリアのクラブヘッドの遅れとなります。が、これもシャフトの短いクラブの場合はヘッドの遅れが少なく、長いクラブは遅れが大きいということでつじつまが合うのです。

つまり、ダウンスイング時のクラブシャフトの傾きは、**縦方向にクラブを引きおろしながら体を回転させることによって自然に発生するので、プレーヤーは意図的にクラブシャフトを斜めにおろす必要はない**ということです。

図3
ダウンスイングの
クラブの縦おろしに
加わる力
図1
トップオブ
スイングに
1面スイング
プレーン
図2

POINT プロは、トップの位置から
クラブを真下（右足のくるぶし方向）に
おろしている

やってはいけない！19

右足の蹴りで「腰」を回転させる

ダウンスイングからフォロースルーにかけて、「右足は地面を蹴《け》って腰を回転させて、フィニッシュではつま先立ちになるのが正しい」と考えているプレーヤーは多いでしょう。そのためダウンスイングからフィニッシュにかけて右足を引きずるように左足に寄せてスイングするプレーヤーをよく見かけます 図1。

このようなダウンスイング回転では、体の右サイドを押し込むような回転になってしまうため、左へのプルボールが多くなってしまい、そのうえ、飛距離まで出なくなってしまいます。

じつは、右足は地面を蹴っているのではなく、左足によって回転している腰に引っ張られて、かかとが引き上げられ、フィニッシュ時につま先立ちになっているのです 図2。

このような**左脚中心の回転は、インサイドからのボールヒットを可能にします**。スイングを上から見た場合、左脚はボールより左側にあるため、左脚を中心とした回転ではクラブは自然とインサイドからボールをヒットします。これに対して、右脚中心の円軌道ではクラブは間違いなくアウトサイドからボールをヒットしてしまいます。

さらに、スイングを後方から見た場合、右サイドからの回転は、上半身をボールに近づけていることがわかります 図3 。

これに対して、左サイドの回転は 図4 のように、上体をボール方向に引き離す回転をします。そのため、左腕が伸びた状態でボールをとらえることになり、飛距離も出せるのです。

さらに、バックスイング方向に回転した上体を左脚がダウンスイング方向への回転で導くと、体幹部がねじれます。

しかし、これも右サイド、特に右肩から回転するとまったくねじれません。「右サイドを押し込む回転では飛距離が出ない」ということがわかります。

図1 右足引きずりフィニッシュ
×
図2 かかとは左サイドに引き上げられる
○

図4
左サイドからの回転は上体をボールから引き離す

○

図3
右サイドの回転では飛距離が出ない

×

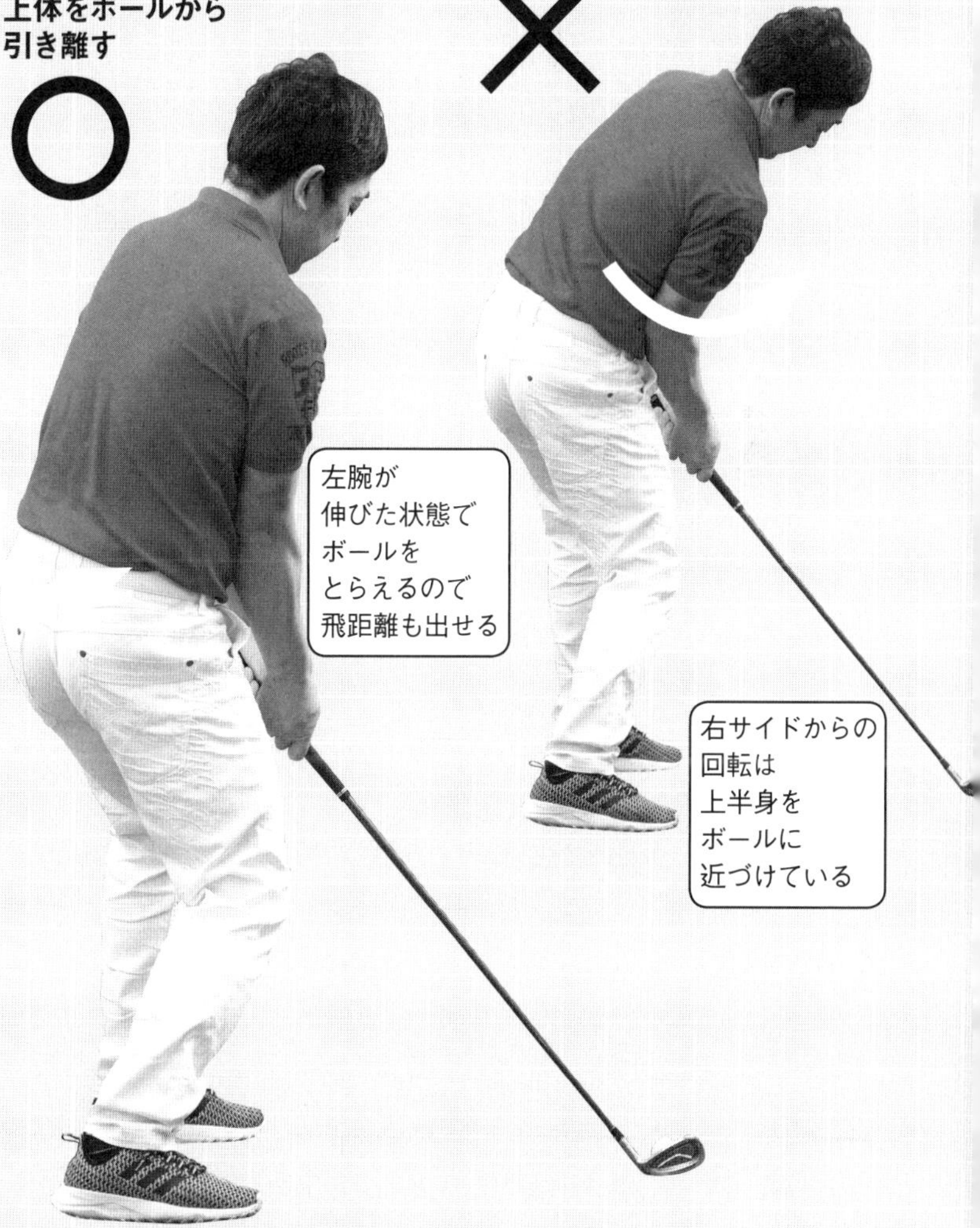
左腕が伸びた状態でボールをとらえるので飛距離も出せる
右サイドからの回転は上半身をボールに近づけている

POINT

右足の蹴りによって体を回転させるという考えは捨て、左下半身のリードによって上半身を回転させる

やってはいけない！
20
インパクトに力を集中させる

飛距離を伸ばすには、インパクト時にすべての力を集中する必要があると言われます。そこで、腕でインパクト時に力を集中しようとがんばり、ボールを打った後、ほとんどフォロースルーをしないでフィニッシュをむかえるプレーヤーをよく見かけます。

しかし本当に、飛距離が出るプロゴルファーたちは、実際にインパクトで力を集中させる感覚はあるのでしょうか？

ただ、飛距離が必要なドライバーショットを打つ際には、少なくともフォロースルーの小さいフィニッシュ姿勢はとっていないことはたしかです。むしろ体にクラブが巻きつくようなフィニッシュ姿勢をとっています図1。

たしかにここまで回転してしまうと、逆にインパクト時は最も加速して、力が集中するような感じはありません。しかし、ゴルフスイングではトップオブスイングから図2フィニッシュまでのクラブの動きのなかの「真ん中」が最も加速する位置になります。理由は意図的にクラブを止めない限りは、このクラブの動きのなかで前半は加速段階で、後半が減速段階になるからです。

そして、クラブシャフトが「しなる」ことを考えると、腕の位置がインパクトより若干目標側に動いた辺りが再加速点になるのが理想となります。そのため、**しっかりとフォロースルーをとる回転のほうがインパクト時に力が集中する感じがなくても飛距離は出る**ということになるのです。

腕も体もトップオブスイングからフィニッシュまで一気に振り抜く通常のスイングなら、インパクト辺りが自然に最加速点となるということがわかります。

しかし、インパクト時に力を集中して速く力強いインパクトをつくろうとすると体は止まってしまいます。右腕の叩き感によってクラブヘッドを加速しようとするからです。

この打ち方ではインパクト時に右腕はボールを叩こうとするために伸びきってしまいます図3。右腕のこのような力は、右肩に対して回転とは逆方向の力を加えてしまうため、体の回転は止まってしまうのです。正しいのは、「インパクト時に右ヒジを曲げたまま体の回転で最後まで振り抜く」スイングです図4。右腕は遠心力でインパクト後、自然に伸びることになります。

図1 クラブが体に巻きつくフィニッシュ

図2 トップオブスイング

図4 右ヒジが曲がった
インパクト

○
インパクト時の
右ヒジは
曲がっている

図3 右手叩きインパクト

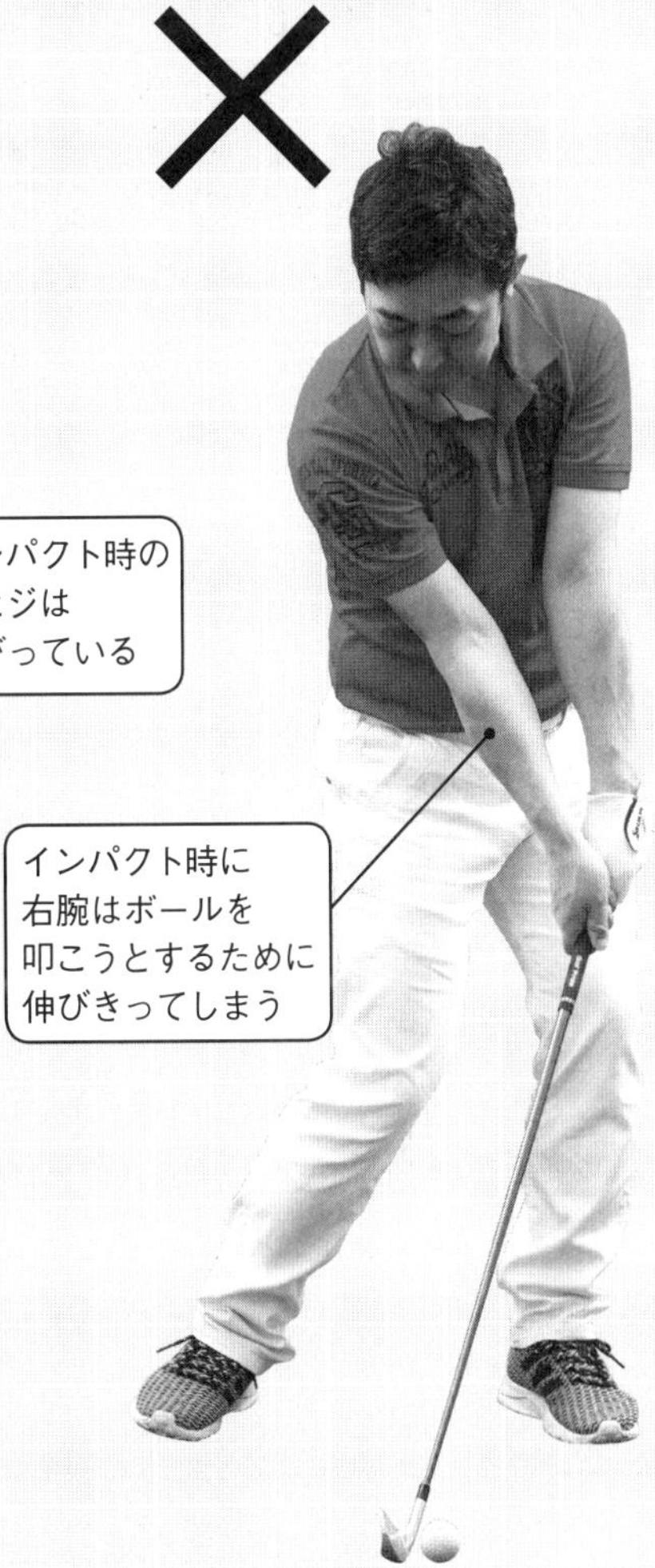
×
インパクト時に
右腕はボールを
叩こうとするために
伸びきってしまう

POINT **インパクト時に右ヒジを曲げたまま**
体の回転で最後まで振り抜く——。
右腕は遠心力でインパクト後、自然に伸びる

やってはいけない！21

インパクトで手首を返す

多くのゴルファーが、インパクト前後では「手首を返してフェースのローテーションを行う」必要があると考えています。そして、このローテーションがうまくいかないとボールは右に曲がってしまうとも考えています。

この手首の動きは、「リストターン」と呼ばれるもので、クラブシャフトにヒッコリーの木が使われていた時代に開発された技術です。「よくしなる」ヒッコリーの木を、インパクト時に体の回転を止めてヘッドを先行させることでスクエアに戻すと同時に、ボールにより多くのスピンを与えボールを遠くへ飛ばすことを可能にした技術です。

そして、この動きを取り入れていたスイングのトップとフォロースルーの手の位置は、現在のスイングと比べ低い位置でした図1。

しかし、やがてヒッコリーシャフトに比べて「しならない」スチールシャフトが登場してくると、このリストターンという技術はボールにフック回転をかけてしまう技術となってしまいました。

そこで、フック回転の弾道を利用しようと、多くのプロがボールを右方向に打ち出すために、インサイドアウトの軌道でスイングするようになったのです。

そして、このインサイドアウトのスイング軌道が、当時のフィニッシュ姿勢を「逆C」型にしました図2。

実際、ヒッコリーシャフト時代は、洋服の伸縮性という問題もあったにせよ、ボールを右方向へ打ち出す必要がなかったため「逆C」型フィニッシュはあまり見られませんでした。それは、その時代のプロゴルファーたちがインサイドアウト軌道でクラブを振っていなかったからです。

その後、スチールシャフトを使ってもフックが出ないクラブの振り方が登場しました。

それが、アップライトスイングだったのです。

これは、トップオブスイングからクラブシャフトが真下に振りおろされる間に、体の回転がクラブヘッドをボールのある位置に運ぶというスイングでした。このスイングでは、クラブは縦方向におろされながらボールの位置にたどり着くため、手首によるフェースのローテーションがほとんどなく、フックボールは発生しませんでした。

1970年代から主流になってきたこの打ち方では、高いトップオブスイングからクラブを振りおろすために従来のフラット軌道のスイングより飛距離が出せたのです。

ただし、インパクトエリアでフェースをローテーションさせないために、左グリップを若干ストロング気味にする必要はありました。つまり、**アップライトスイングの場合、スライスは左グリップで直すということになる**のです。

プロゴルファーの連続写真（インパクト後の後方からの写真）で、クラブシャフトが左に傾いているのを見ると、リストターンが行われているように思えるのですが、これは体の回転で、振られたクラブヘッドが体を追い抜いて左側に動いている一瞬の映像なのです。

また、このときにクラブヘッドが体の回転で振られる感じを「リストターン」と表現するプロゴルファーもいるので、惑わされやすいのです 図3 。

アップライトスイングの場合、スライスボールは左グリップで直すのが正しく、リストターンで直そうとすると、高い位置からのクラブの振りおろしなので、右腕によるフェースターンを行ってしまいやすく、スライスはしなくなるのですが、プルボールやプルフックボールが多発するということが起こります。

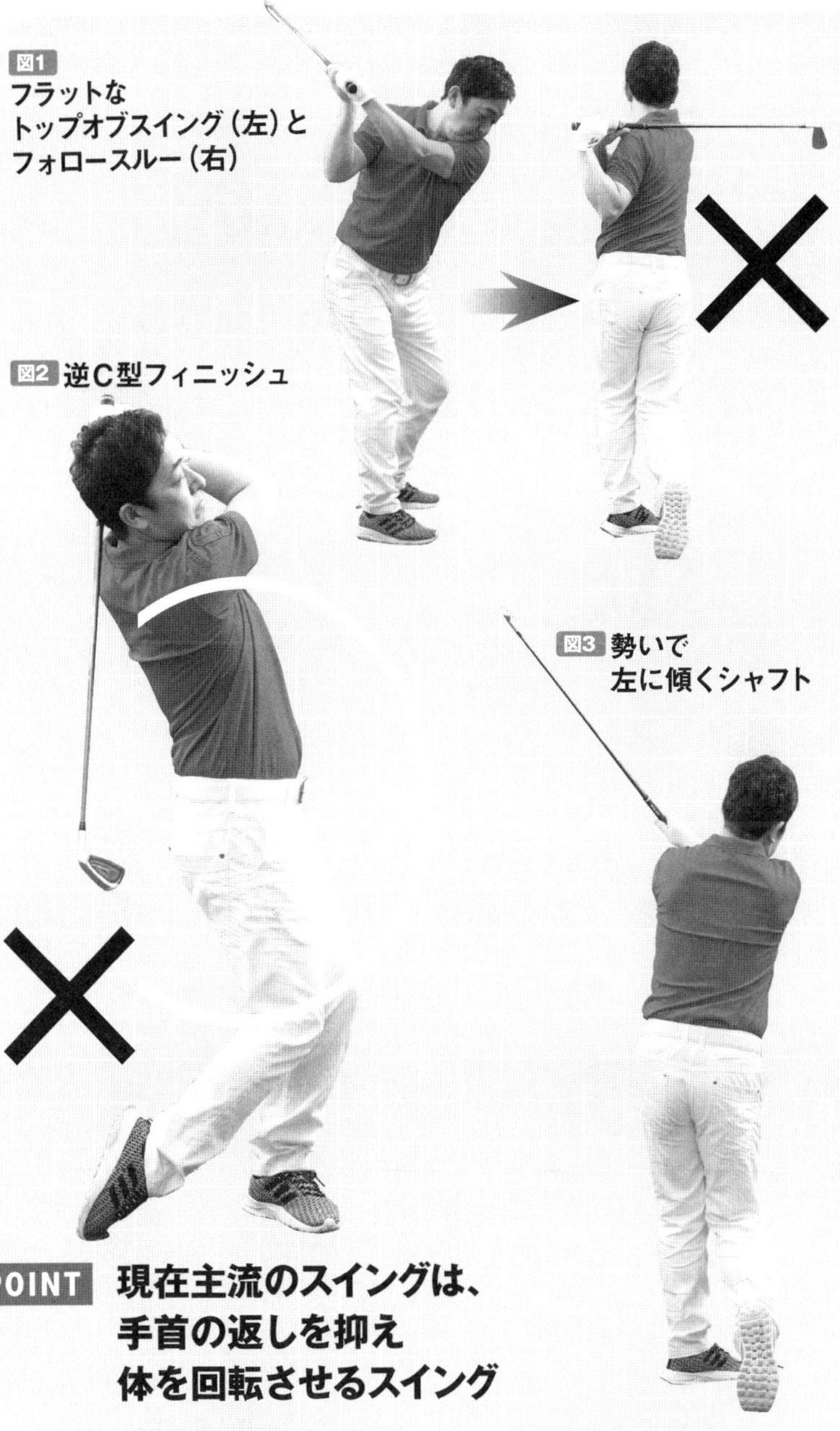

図1
フラットな
トップオブスイング（左）と
フォロースルー（右）

図2 逆C型フィニッシュ

図3 勢いで
左に傾くシャフト

POINT 現在主流のスイングは、
手首の返しを抑え
体を回転させるスイング

やってはいけない！22

ハンドファーストでインパクト

フックボールで悩む多くのアマチュアプレーヤーが、インパクト時にフェースがかぶらないようにハンドファーストの姿勢をイメージしてスイングしています図1。

たしかに図1のようなハンドファーストのインパクト姿勢では、グリップの位置がクラブフェースに対して目標方向にあるため、フェースは右を向いてフックボールは撲滅されるような気がするでしょう。しかし、練習場などで、フックボールを矯正しようとして、このインパクトイメージでスイングして、かえってフックボールを連発し、首を傾げているアマチュアプレーヤーをよく見かけます。

じつは、**ハンドファーストのイメージではフックボールを矯正することはできない**のです。このイメージでインパクトしたとき、左ヒジが図2のように曲がってしまう場合は、たしかにフックボールにはならないのですが、今度はプッシュスライスになってしまいます。

しかし、左腕が図1のように伸びている場合は、フェースは図3のように左下を向いてしまい、フックボールが発生します。

さらに、このようなイメージのインパクト姿勢は、ボールを飛ばそうとして力が入った場合に、プレーヤーに右腕をより強烈に伸ばす意識を持たせてしまいます。すると、右腕の伸びが体をも伸び上がらせ、これによって左足が伸びて体の回転は止まってしまうのです。こうなると、ボールはさらに左に飛び出し、そこから強烈に左に曲がるダッグフック、通称「チーピン」と言われるボールを発生させてしまうのです図4。

このボールが出ると、プレーヤーはボールが左に曲がるので、もっと右方向に打ち出そうとするため、インサイドアウト軌道が激しくなり、同時にフィニッシュ時の「逆C」型姿勢も強くなります。

すると、さらに左足は伸び、回転は止まり、さらに左への曲がりが大きくなるという悪循環を起こしてしまうのです。

では、フックボールはどうやって矯正すればいいのでしょうか？　それは、図5のように、**インパクトで右の手のひらを上に向けるイメージをもってスイングする**のが効果的です。このイメージでのスイングは、ハンドファーストの状態をつくらずに、フェースだけを右上に向けるイメージなのでフックボールの矯正には役立ちます。

図1
**ハンドファースト
インパクト**

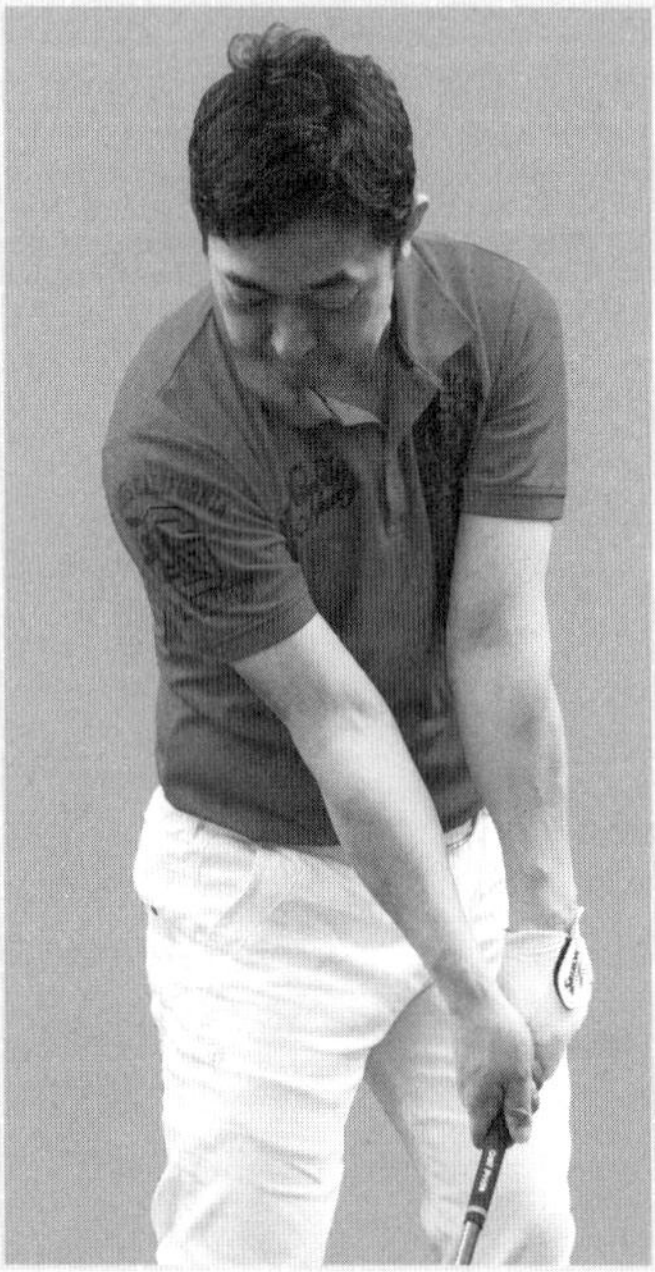

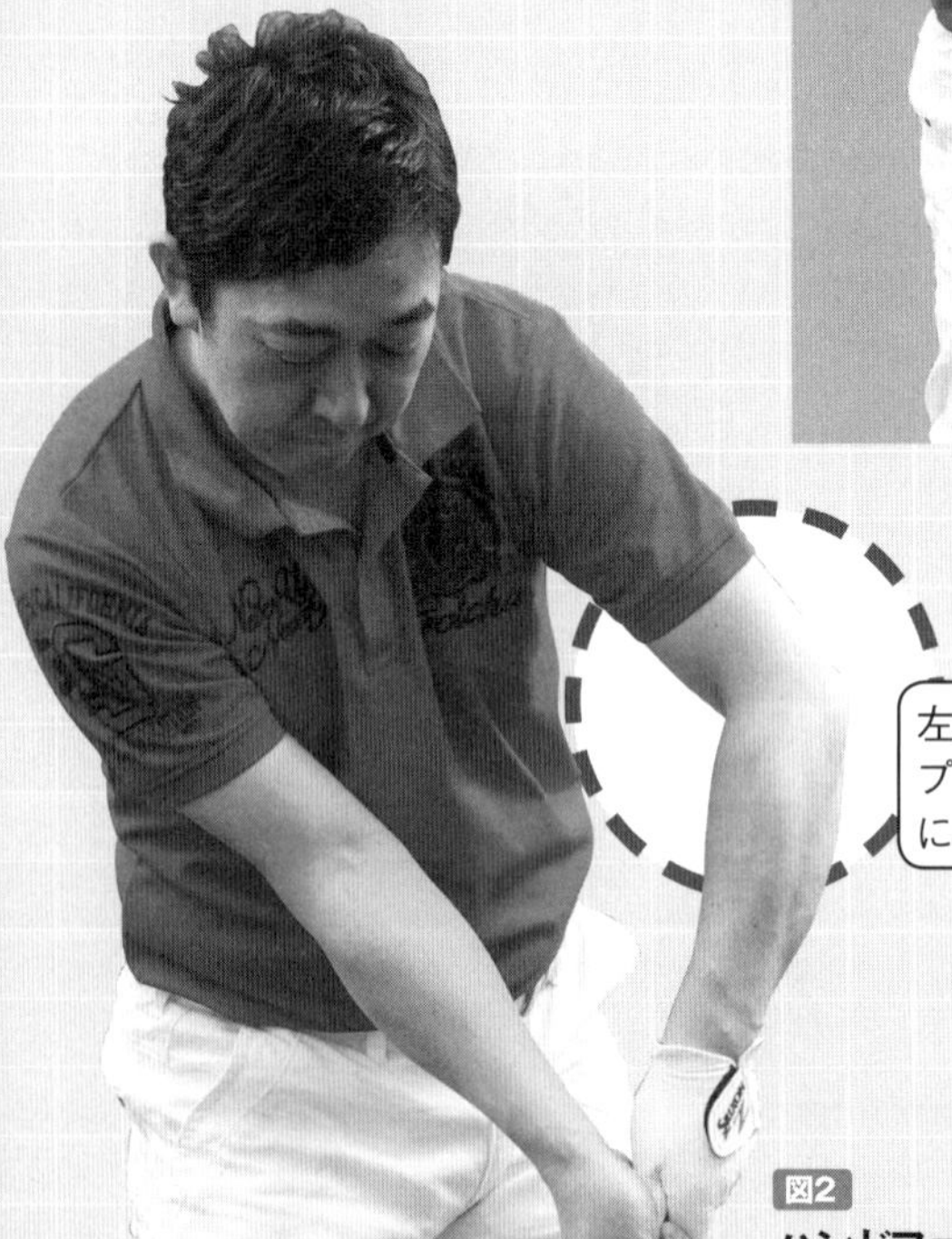

図2
**ハンドファーストのイメージで
インパクトすると
左ヒジが引けてしまう**

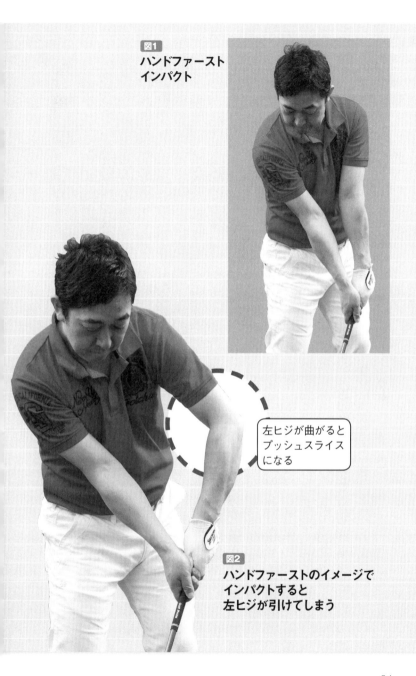

図3
左下を向いた
フェースでは
フックボールが
出る

図4 チーピンのインパクト

図5
右の手のひらが上を向く
イメージのインパクト姿勢

POINT **ハンドファーストを強くすると、「プッシュスライス」や「ダックフック」（いわゆる「チーピン」）になる危険性アリ**

やってはいけない！23

「ビハインド・ザ・ボール」を心掛ける

ゴルフスイングでは「インパクトからフォロースルーにかけて、頭はボールの後方（右側）で回転する」のが正しいスイングとされていました。そのため、フィニッシュで頭をボールのあった位置より後方に保とうとして、そっくり返ったフィニッシュ姿勢をとっているゴルファーをよく見かけます。

たしかに、1990年代以前は、多くのプロゴルファーが「逆C」型と呼ばれたフィニッシュ姿勢をとっていました。このスイングでは、トップオブスイングで、若干ボールより右側に位置する頭をフィニッシュまで動かさないようにしてボールをヒットするため、当然ながらインパクト時には頭はボールより後方にありました。

しかし、近年では、クラブとボールの進化によって、かつてのように「逆C」型のフィニッシュをとるスイングではボールが高く上がりすぎてしまうため、I型のフィニッシュ姿勢が主流となっています 図1。

ただ、「I」型のフィニッシュ姿勢をとっているプロゴルファーでも、スイング連続写真でインパクトの姿勢を見てみると、頭はボールの後ろに位置しています 図2。

そのため、現在でもスティ・ビハインド・ザ・ボールが正しいと考えている人は多く、その人たちはI型フィニッシュをとるスイングは、「インパクトまでは頭をボールの後ろに残し、インパクト後に頭を急激に左足の上に移動させてフィニッシュ姿勢をつくる」ものと考えています。

しかし、**スイング動作は1秒ちょっとで完結してしまいます**。その短い時間のなかで、「インパクトまでは頭はボールの後方、その後、左足の上へ」というような複雑なことが本当にできるのでしょうか?

じつは、近年のI型のフィニッシュ姿勢をとるスイングでは、頭をボールの後に残し、スイングする感覚はまったくありません。頭はダウンスイング始動時から左足の上に移動するつもりでスイングしているのです。

では、なぜ頭はインパクト時にボールより後ろに位置しているのでしょう? それは、**頭を含めた上半身が下半身の回転によって動かされている**からです。つまり、頭は下半身の回転で回転させられている感じで動くので、下半身の回転に対して回転遅れしているのです。

腰が左足の上に乗りながら回転しているのに、頭はまだアドレスの位置に残っているという状態がインパクトの姿勢になっているということなのです。そのため、その後の回転では、当然、頭は左足の上に向かって動き、フィニッシュでは「I」型姿勢が完成することになるのです。この際、スティ・ビハインド・ザ・ボールは忘れましょう。

図1
I型フィニッシュ姿勢

図2 インパクト姿勢

POINT **現在のクラブ性能では、「スティ・ビハインド・ザ・ボール」を意識しすぎては逆効果！**

やってはいけない！24

フィニッシュは成り行きでOK

ゴルフスイングは人それぞれで違います。だから、インパクト以後のフォロースルーでは、プレーヤー各自が、のびのびと「自分のフィニッシュ姿勢」をつくればいい――。

つまり、「インパクト以後のクラブの動きは、ダウンスイングの流れで特に意識しなくていい」ということがよく言われます。そのため、「いいショットが打てたときのフォロースルーでつくる」のが自分の正しいフィニッシュという考えで、クラブを何の決まりもなく振っているプレーヤーが多いようです。

たしかに、トップオブスイングから正しい軌道でダウンスイングが行われ、インパクトを迎えればいいショットが打てて、その後の軌道は自然に決まるということもわからなくはありません。

ただ、この考えに基づくと、いいショットとわかるのが「スイングが終わった後」であるため、**インパクト以後のスイング軌道は「打ち終わるまで正しいのかどうかわからない」**

ということになります。それで、「インパクト以後の軌道は意識しない」ということになってしまうのです。

たしかに、ボールをスイートスポットでヒットするだけでいいなら、トップからインパクトまでの軌道は無数にありますが、真っ直ぐ飛ばす軌道となると限定されてきます。

たとえば、インサイドからボールをヒットすればクラブは必然的にアウトサイドに抜け、ボールはスイートスポットでとらえても右に飛びます。その逆ならばボールは左に飛びます。

このように見てくると、「**インパクトまでと、その後の軌道の両方を考えながらスイング軌道をつくり、その間にボールヒットの瞬間がある**」と考えたほうがスイング習得や矯正は早いということが考えられます。

ただ、ここで問題になるのが、「正しいフィニッシュ姿勢づくりの定義」です。これがないと、どっちにしてもフィニッシュ姿勢は「成り行きで」としか言えなくなってしまいます。

ゴルフスイングは、腕が上下に動きその間に体が横に回転する運動だと言うことはすでに説明しました。この原則はフォロースルーでも変わりません。

インパクト後、クラブは、体の回転で胸が目標方向を向いたあたりから、腕によって縦方向に振り上げられます。すると、図1のような姿勢がつくられます。

この後、体がさらに回転する間に、腕はクラブを左肩の上に担ぎ上げます。このような腕の動きと体の回転が合成され、図2のようなフィニッシュ姿勢が完成するのです。

ただし、このようなフォロースルーの動きでも、ダウンスイングのときと同じように、フォロースルーで体の回転によって振られたクラブシャフトは、ヘッドの勢いによって自然に左側に倒れます。

この倒れ具合は、個々人の体の回転速度やクラブの長さによって変わってきます。そして、このクラブは左に倒れながらも、腕によって上に振り上げられるのですが、振り上げられていく間に腕自体は左にクラブを振りません。両ヒジのしぼりでクラブを体の正面に固定しようとしているため、勢いがなくなったクラブは縦方向に動き、アップライトスイング特有のフォロースルー姿勢図1を通過して、左肩の上に収まります。

このように、フォロースルーにもバックスイング及びダウンスイングと同様に、クラブの振り方があり、その振り方が統一されているダウンスイングからフォロースルーのスイング軌道は、常に一定のフィニッシュ姿勢が目標となるため、その目標に向けてクラブを振ることで弾道は安定するのです。

図1
フォロースルーの姿勢

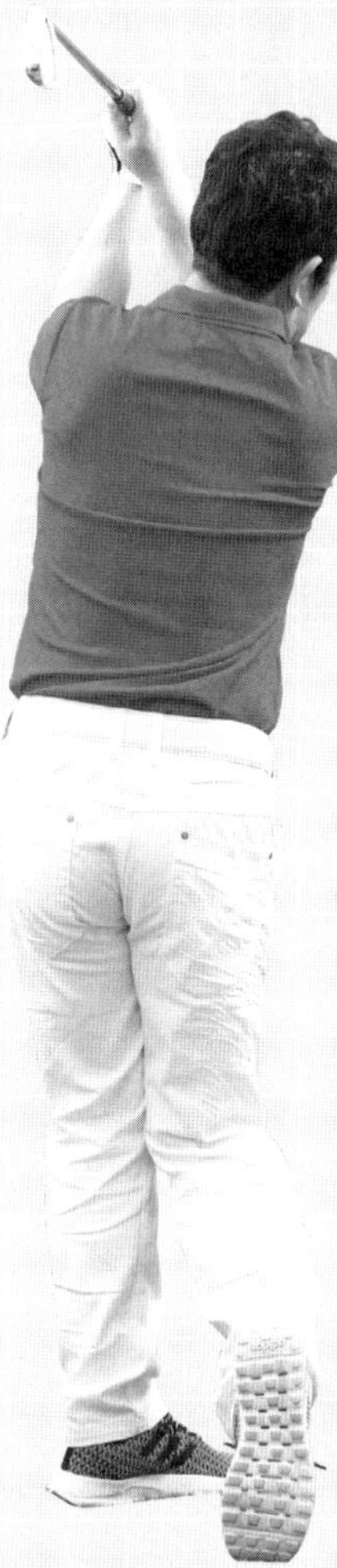

図2
フィニッシュの姿勢

POINT 「正しいフィニッシュ」の会得が最優先！
形が違ってくるのは
各自の体型・体力による個性にすぎない

やってはいけない！
25

フィニッシュまで頭を上げない

テレビや雑誌で、プロゴルファーのインパクトのフォームについて「顔がよく残っている」という解説を聞いたり読んだりしたことのあるゴルファーは少なくないでしょう。

そして、コースでトップショットを打ったときに、「ヘッドアップしているよ」と言われたことのあるゴルファーはさらに多いと思います。いやむしろ、言われたことのないゴルファーはいないのではないでしょうか。

そのため、多くのアマチュアゴルファーは、スイング中に頭が上がらないように、打ち終わっても地面を見続けるようにするショット練習をしています図1。

しかし、**プロゴルファーたちは、打ち終わっても地面を見てはいません**。アマチュアゴルファーは、なぜ、打ち終わっても地面を見ているのでしょう？

また、ボールが当たった後に顔を上げ、曖昧なタイミングで、飛んでいくボールをなぜ見なければならないのか、と考えたゴルファーも多いと思います。

たしかに打ち終わっても地面を見続けるスイングでは、トップショットを防ぐことはできます。しかし、そのトップショット防止法は頭を動かさないようにすることにより、体の回転を止めてトップショットがでないようにするだけのことです。そのため、飛距離はまったく出ないショットになってしまうのです。

ゴルフスイングは、腕を縦方向に動かしている間に体を横方向に回転させる運動です。そして、腕がクラブを下に下げる速度と体が横に回転する速度の関係でグッドショットが打てるかどうかが決まります。

たとえば、クラブを下げる速度が遅かったり、体の回転が速すぎると、インパクトまでにクラブヘッドは着地できずに、トップショットが発生することになります。

逆のケースでは、クラブヘッドはボールより手前で地面に到達してしまい、ダフリショットとなってしまいます。

頭を動かさないでトップショットを防ぐ方法というのは、腕のおろし速度が遅くて体の回転が速いためにトップショットを打っているプレーヤーの「体の回転を遅くする」ことで矯正する方法なのです。

そのため、せっかく速く回転できるという飛距離の出せるプレーヤーの可能性を奪ってしまうわけです。

つまり、トップショットを矯正するには、頭を固定して体の回転速度を遅くしてしまうより、**トップオブスイングからの腕の引きおろしを速くする**ほうがいいのです。このほうが、可能性のある体の回転を損なうことなくトップショットが矯正できるということになるのです。

では、なぜ、プロゴルファーのインパクトでは顔は残っているのでしょうか?

じつは、頭は体と一緒に回転運動をしているのですが、**下半身主体の回転に対して回転遅れをしている**ということなのです。

図2は、スイング中の頭と腰だけの連続図です。この図を見ると頭がスイング中に回転していることがわかります。さらに、帽子のツバの先端よりベルトのバックルのほうが先に回転していることもわかります。

これは回転の動力が、下半身、特に左のツバと腰になっているために、**左脚から遠い位置にある頭が後から回転している**ということです。

これに対して、右サイド、特に右腕でボールを打とうとすると、ダウンスイング時に右肩が前に出てくる回転になります。

このような回転では、右肩と顔の位置が近いために顔は遅れずに図3のようなインパクトの姿勢になってしまうのです。

図1 地面を見ているフィニッシュ

○
フィニッシュで
顔は目標を向く
4
5
6

図2 スイング中の頭と腰の連続図

❶
❷
❸
帽子のツバより
バックルのほうが
先に回転

右肩が
前に出てくる回転
帽子のツバは
バックルと同じ向き

図3
右肩が突っ込んだときの顔の向き

POINT **「インパクトで顔を残す」は間違い。**
左腰の先行回転により、
自然と顔が遅れて回転するだけ

やってはいけない!

第三章

「ドライバー」&「FW」&「アイアン」編

やってはいけない！26

ドライバーはアッパーブローに打つ

ドライバーショットでは、クラブヘッドがボールより下方から上方に上がる軌道でインパクトして、「ボールを高く打ち出すことでボールのスピン量を抑えながら高弾道で飛ばす」とされています。一方、アイアンではボールの左側の芝を取るように、上方から下方に向かって振りおろす軌道が正しいとされています。

この教えを実行するために、ドライバーではティーを高くしてクラブを空に向かって振り上げ、フィニッシュでは背中が反るようなフィニッシュをとり 図1 、アイアンでは上からクラブを地面に叩きつけるようにスイングしているプレーヤーをよく見かけます。

たしかに、プロゴルファーのティーショットでは、高いティーアップをしているシーンをよく見かけます。しかし、彼らのフィニッシュ時の背中はそれほど反ってはいません。

また、アイアンではしっかりとターフは取っていますが、フィニッシュはドライバーの場合とあまり変わりません。

じつは、**プロゴルファーたちは無理にアッパーブローやダウンブローにしてボールを打っているわけではない**のです。図2には正しいスイング軌道が描かれていますが、この軌道では左足かかとの右がスイング軌道の最下点になっています。

正しいスイング軌道では、最下点は左足のかかとの右になり、その際に腕が伸びるためその位置の芝が取れるのです。そうなると、図2のように、ボールをスタンスのなかほどに置けば、必然的にダウンブローでボールをヒットすることになり、左かかとの前か、それより左にティーアップすれば、自動的にレベルブローやアッパーブローでボールが打てることになります。つまり、どちらもスイング軌道は同じなのです。

ただ、もうお気づきの方もいると思いますが、図2の軌道だと、ドライバーは一回地面を触ってからボールをヒットすることになります。それでは距離は出ません。

じつは、正面から見た場合には、ドライバーとアイアンのインパクトエリアのスイング軌道は同じでも、飛球線後方から見た場合は若干変わるのです。

図3は飛球線後方からのアイアンとドライバーのインパクトの図です。この2つのインパクト姿勢では体とグリップの距離が違うことがわかります。

これに対して、プロゴルファーがたまにやるフェアウェイのボールをドライバーで打つ「ジカドラ」のスイングでは、アイアンのインパクトのようにグリップはティーアップされたボールを打つ場合より、体に近い位置を通過します。

この理由は、ティーアップされたボールを打つ場合には、体の回転速度を上げてインパクトエリアで腕とクラブに遠心力が働いて、体から離れている状態でボールをヒットするからです。遠心力で体から離されたクラブは「ジカドラ」のボールの位置より遠くの空中を通過することになります。これによって、最下点はアイアンと同じですが最下点の高さが変わるティーアップ用のスイング軌道ができ上がるのです。

これからわかることは、遠心力が強くなる回転ができるプレーヤーのクラブは遠くの高い位置を通過することになるため、飛ばし屋は高いティーアップと体から遠い位置へのボールセットが必要になるのです。そのため、**回転速度の遅いプレーヤーが高すぎるティーアップをするとテンプラやトゥショットが出やすくなります**。

図1
そっくり返りフィニッシュ

図2 クラブヘッドの軌道イメージ図

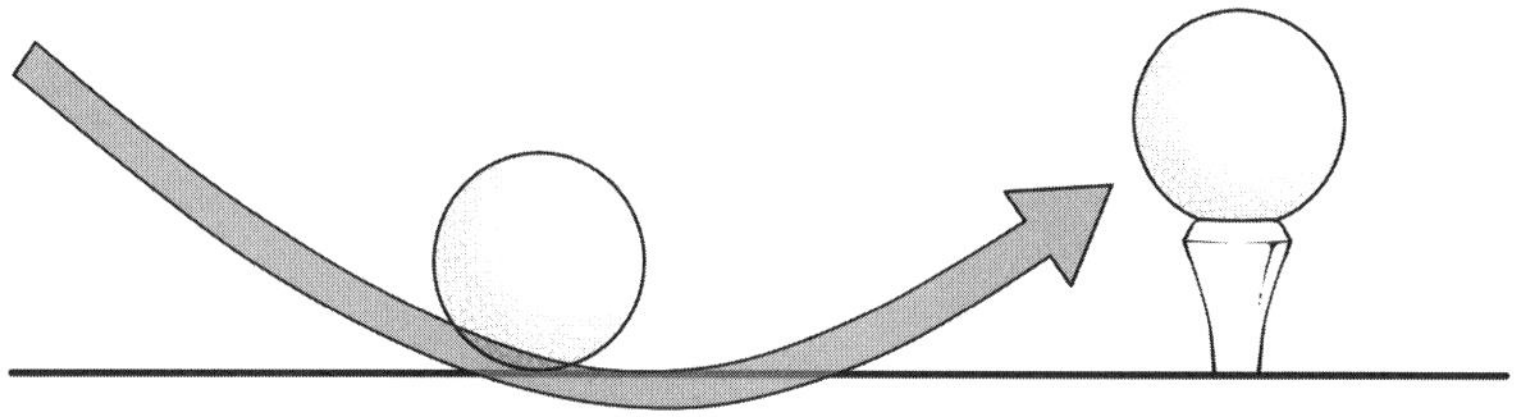

図3 アイアンとドライバーのスイング軌道

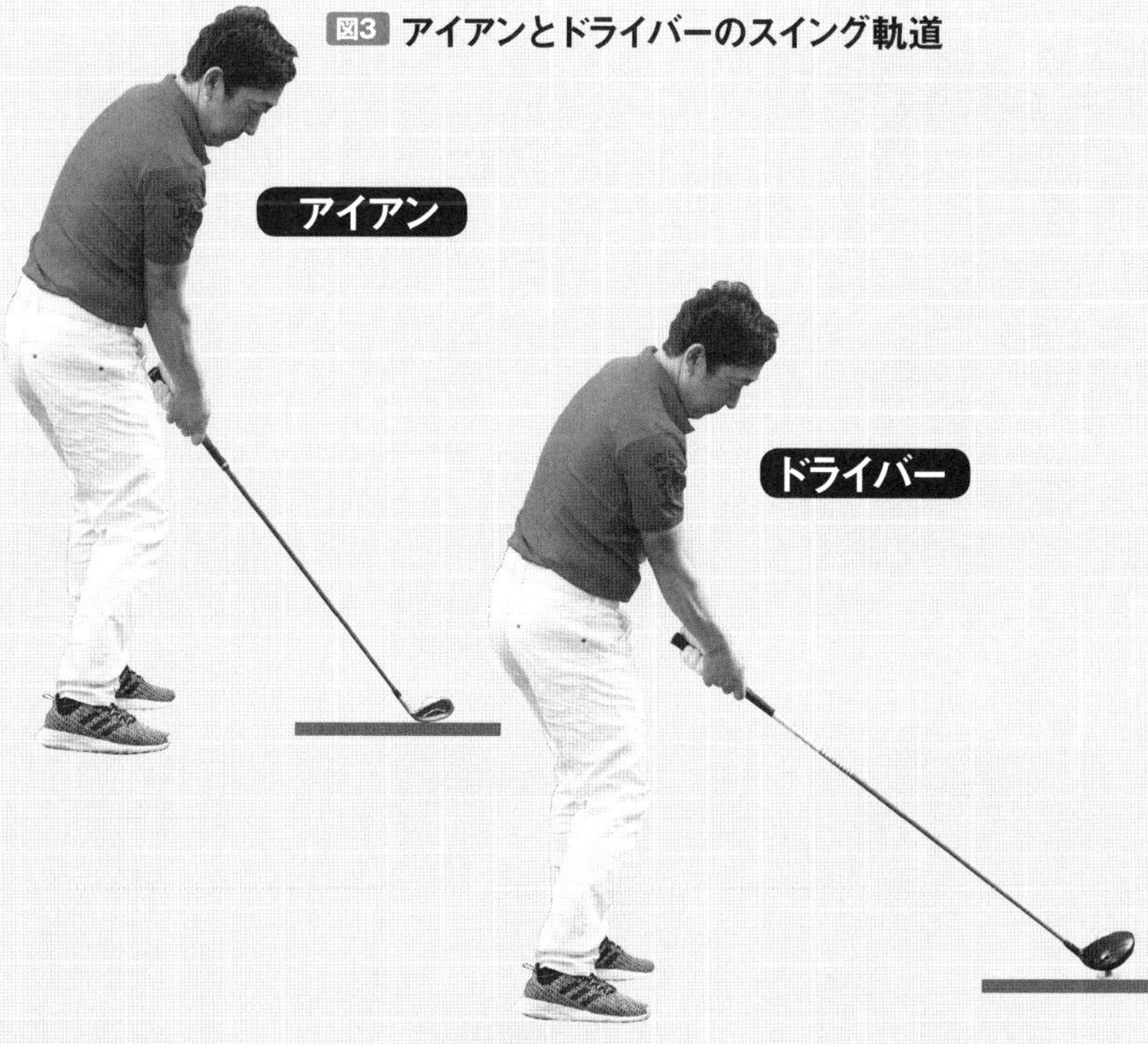

POINT 正しいスイングをすれば、ドライバーでアッパーブローに打つ必要はない

やってはいけない!
27

アイアンはターフを取るように打つ

アイアンのスイングでは、「インパクト後にクラブのソールが芝を削るスイングが正しい」とされます。そのため、多くのゴルファーが地面を掘るようにダウンスイングしているのをよく見かけます。

このように地面を掘ろうとするダウンスイングを行っているゴルファーの大部分が、ダウンスイング時に頭を沈めるようにボールを打っています。こうなると必然的にダウンスイング時に、頭が沈んだ分だけ左ヒジを曲げるスイングを習得してしまいます。

しかし、アドレス時には芝の上にセットされているクラブヘッドで地面を削るとなると、どうしても頭を下げるイメージを持ってしまいます。しかし、実際にターフ（地面の芝）を取っているプロゴルファーたちは、頭を沈めるようにスイングしていません 図1。

では、彼らはどうやってターフを取って打っているのでしょう？

方法は普通にスイングすることです。つまり、「**芝を取ろうとしてスイングしない**」ということです。それでは、なぜ地面の芝が取れるのかというと、インパクト時に左腕がアドレス時より伸びるためです。

これは、アドレス時に右手を離しグリップを下に引っ張ってみるとわかります。人間の関節は引っ張ると若干伸びるのです。そして、**インパクト時にヒジ関節が伸びた分だけクラブのソールの通過点が低くなり、地面の芝が取れる**のです。

トップからダウンスイングにかけては、左腕はクラブを下に下げる動きをするということはすでに説明しました。さらに、クラブヘッドが最下点を迎える位置でヘッドの重みが左腕を引っ張るので左腕は若干伸び、その分だけクラブヘッドは地面を削ることになります。

正しいゴルフスイングでは、この腕の縦の方向の動きに体の横の回転が加わります。この回転では下半身が上半身を回転させることになるため、インパクト時の腰の回転は肩より先行しています。

そして、遅れている上半身が持つクラブはさらに遅れるため、インパクト時には腰は左足の上での回転を進めています。そのため、スイング軌道の最下点はボールの位置より左側になり、ボールより目標側の芝が削れることになります。

頭の高さをキープ。
頭を沈めてはダメ！
インパクト時に
左腕はアドレス時より
伸びる
インパクト時の
腰の回転は
肩より先行

図1
ターフを取ったときのスイング

POINT **インパクト時に、左腕がアドレス時より伸びるからターフが自然に取れる**

クラブによってスタンス幅とボールの位置を変える

アドレス時のスタンス及びボールの位置については、一般的に「クラブが長くなるに従ってスタンス幅は広くして、ボールを置く位置は左足寄りに変えていくのが正しい」と言われています 図1。

そして、最も長いクラブのドライバーの場合は、バランスを良くするために、スタンス幅が最も広くなると考えているゴルファーが多いのです。それは、ドライバーのシャフトがすべてのクラブのなかで最も長いからです。

しかし、ドライバーはシャフトが最も長い代わりに最も平らな場所でスイングできるクラブです。

そう考えると、バランスをとるためにスタンス幅を広くする必要があるのかどうか疑問です。**スタンス幅を広くすると、回転するにも強靭な下半身が必要になります。**

また、ボールの位置もクラブごとに左足に寄せていくという方法も、練習場のよう足場が平らで、マットがあればできても、ラウンド中の傾斜もあるなかでボールの位置を番手ごとに変えるのは非常に難しいでしょう。

また、ボールを右に置けば置くほど体は右を向きやすく、左に置けば置くほど左に向きやすくなります。そのため、ボールヒットだけでなく打球の方向性にも問題が出る可能性は高いのです。

つまり、たまにしかコースに出ないアマチュアプレーヤーにとっては、この方法は至難の業《わざ》であり、ボールセットに注意を払えば払うほどスイング中の注意点に気がまわらなくなってしまいます。

このように考えてみると、スタンス幅は、すべてのクラブであまり変えないほうがベストなのです。

ボールの位置もアイアン、ユーティリティ、フェアウェイウッドはリーディングエッジが両かかと間の真ん中で、ボールはそのすぐ左。ドライバーではボールは左かかと前から左親指前の間という2パターンにしたほうがシンプルでよいと思います。

アイアンなどは、スイングの最下点が左足のかかとの右になるため、これで十分ダウンブローになります。ドライバーもちょうど最下点、もしくは若干アッパーブローで、しかも空中でボールをとらえることができます。

仮にフェアウェイウッドで球を高く上げたいのなら、ボールの位置を多少左足に寄せてもいいのですが、斜面ではやめたほうがいいでしょう。斜面では左への重心移動が難しくなるので寄せるなら若干右足寄りにしてください。

このように**ボールの左右の位置はあまり大きく変える必要はなく、動かすにしてほんの少しが望ましい**のです。

これに対して、ボールと体の距離は、クラブが変わるごとに変えなければなりません。つまり、こちらのほうが難しいのです。そのため、番手ごとにボールの位置とスタンスを変えるという考えは今すぐやめましょう。

ボールとの距離は、両足のつま先を結んだラインとボールの位置で考えます。たとえば7番アイアンならつま先ラインとボールの距離は、個人差はありますが約50㎝となります 図2。そして、クラブの番手が一つ上がるごとにボールを約2㎝遠くします。つまり、2番手上のクラブで約ボール1個分遠くするということです。

逆に、短くなると2㎝近くなりますが、これらはすべて最終的には感覚でできるようにならなければなりません。

また、ドライバーの場合は90㎝弱辺りで自分のボールの距離を探すのがいいでしょう。

図1 ボールの位置と距離のイメージ図

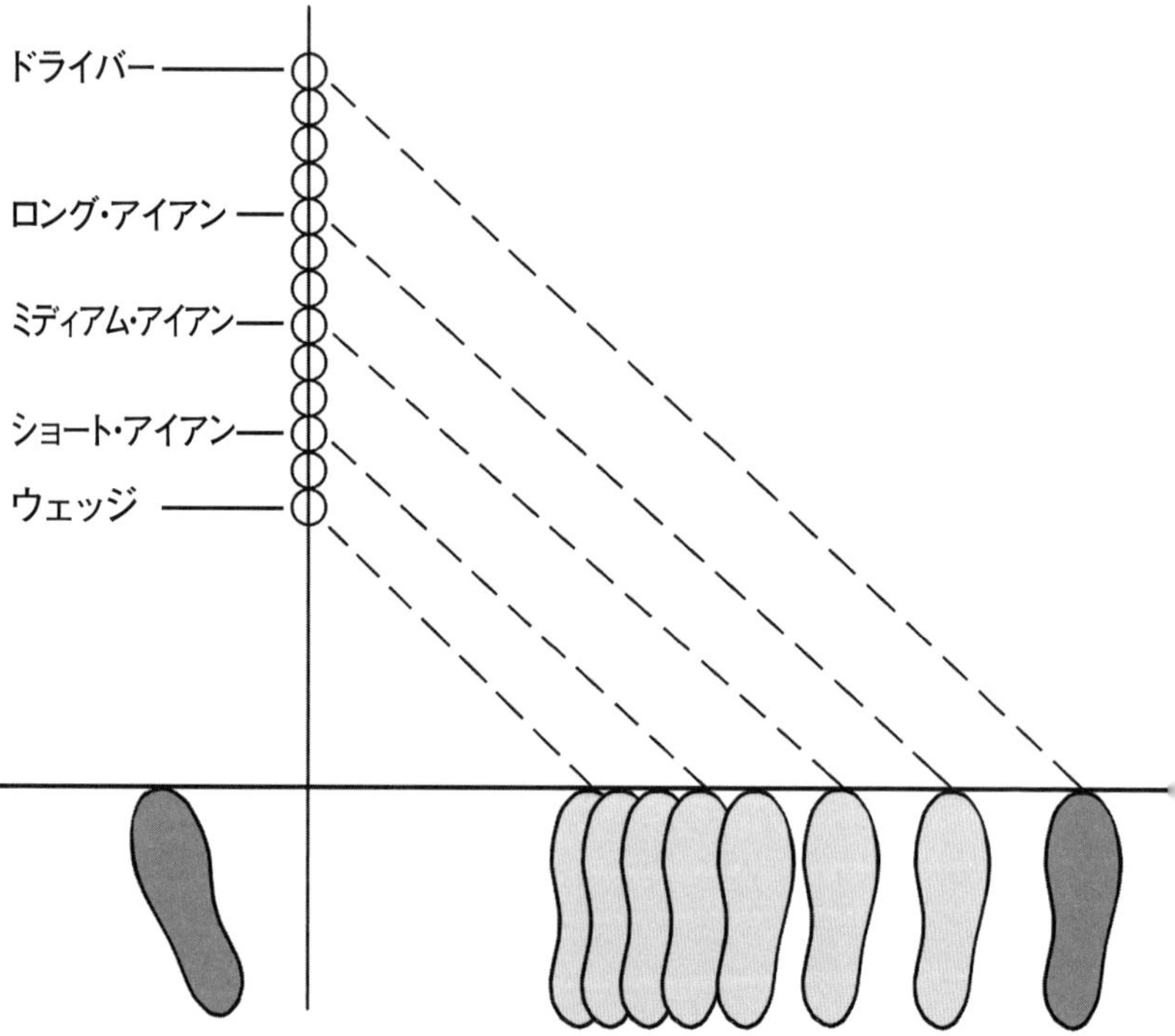

図2 7番アイアンのボールの距離

7番アイアンの場合、
つま先ラインとボールの距離は
約 50㎝。
クラブの番手が一つ上がるごとに
ボールを置く位置を約 2㎝遠くする
約50cm

POINT **スタンス幅もボールの位置も、すべてのクラブであまり変えずに、シンプルにしよう！**

やってはいけない！29

FWは払い打ち、アイアンは打ち込む

多くのプレーヤーが、「フェアウェイウッドはフラット軌道でボールを払い打ち、アイアンはアップライト軌道で打った後にターフが取れるように打ち込むのが正しい使い方」と考えています。

しかし、じつは、フェアウェイウッドもアイアンも同じ振り方で打つことができます。**スイングを変える必要はまったくない**のです。斜面でさえもできるだけクラブの振り方を変えないで十分に対応できるにもかかわらず、基本的なクラブの振り方を変えてしまっては、覚えるべきスイング動作がどんどん見えなくなっていくだけです。

では、なぜこのようなことが言われるのでしょうか？　それは同じ打ち方をしてもボールをヒットした場合、プレーヤーが受ける感覚が異なるからです。

フェアウェイウッドはシャフトが長い分、ダウンスイングのボールに対する入射角度はゆるやかです。そのためボールを払って打っている感じがします。

一方、アイアンはシャフトが短いのでダウンスイング時のクラブヘッドの入射角度は鋭角的になるため、打ち込んでいる感じがするのです。

たとえば、図1のようにフェアウェイウッドとウェッジを合わせて持って、スイングをしてみると、ダウンスイングの途中ではフェアウェイウッドのクラブヘッドのほうがボールから遠くて低い位置にあることがわかります。

ここから、インパクトまで体の回転でクラブを運んでみると、同じ体の動きにもかかわらず、それぞれのクラブヘッドのボールに対する入射角度の違いがわかります。クラブシャフトの長いフェアウェイウッドは、かなりゆるやかな角度でボールに向かい、シャフトの短いウェッジのクラブヘッドは鋭角的にボールに向かうことがわかります。

さらに、クラブヘッドも形状も、フェアウェイウッドの場合はソールが幅広い構造になっているため、よりいっそう払う感じが出ます。

これに対してアイアンの場合は、ソールの幅は広くないので鋭角的なダウンスイングではターフが取れる感じがするのです。つまり、**プレーヤーはどちらのクラブを使うにあたっても、クラブの振り方を変える必要は一切ない**ということです。

図1での実演を見れば、一つのスイングで2つのクラブを動かすことができており、それぞれのクラブのシャフトの長さとライ角によって同じスイングでボールが打てることも

わかります。
ですから、「フェアウェイウッドは払い打ち、アイアンは打ち込む」という考え方は、同じスイングでボールを打ったときの「それぞれの感覚の違い」ということにして、**できるだけ覚えるスイングは一つにしたほうがよい**のです。

唯一、**ドライバーを打つときだけは、アドレス時に手元を離します**。そして、トップオブスイングから腕を下げる意識は持たずに、体の回転速度を上げることに集中して、クラブヘッドが空中を通過するようにスイングしなければなりません。しかし、これはあくまでも、他のクラブとは異なり、「高くティーアップ」されたボールを打つ方法だからです。

トップオブスイングのクラブヘッドの位置は異なる
❷

図1
クラブを２本持ったスイング

POINT ドライバーと
パター以外、
クラブの振り方を
変える必要は
一切ない

やってはいけない！30

ラフに入ってしまったら、まずロフトのあるクラブを選択

ラフに入ったボールは打つのが難しいため、「ロフトのあるクラブで打て」とよく言われます。そのため、ラフに入ると、どんな状態でも短いクラブで打つのが正しい選択と考えて、ユーティリティやフェアウェイウッドを使わないプレーヤーが多いようです。

しかし、あまり深くないラフからでも短いクラブで打ってしまうことは距離の大きなロスとなります。そこでここでは、その見分け方を解説していきましょう。

まず、**ラフに入った場合は、「ボールの先にどれくらい芝があるか」を見ます。**

たとえば、図1のようにボールを打ち出したい方向の芝が長いという場合は、低い弾道でボールを打ち出したらボールは多くの芝をなぎ倒して飛んでいかねばなりません。そうなるとボールの勢いは芝によって殺されてゴロのようなショットになり、ボールはあまり飛びません。そこで、そのような状況では、ロフトのあるクラブを使い、なぎ倒す芝を少なくする必要があります。そうすれば、ロフトのないクラブを使ってゴロを打ってしまう

よりは距離はかせげます。それに対して、ボールの先に芝があまりない場合図2は、低いボールでも芝をなぎ倒す量が少ないので、ロフトのないクラブを使える可能性があります。

次に問題になるのが、「ボールの手前にどれくらい芝があるか」になります。ボールの手前の芝が長い場合は、鋭角的なダウンスイング軌道が必要になるので、シャフトの短いクラブを使う必要があります。

一方、手前に芝があまりない場合は図4、入射角が鋭角的でなくともよいためシャフトの長いクラブも使えます。また、ラフに入ったボール全般に言えることですが、ボールが芝の中に埋まっているように見えても打ち込んではいけません。ラフに入ったボールは、多かれ少なかれティーアップしたボールのように「浮いて」います。

なぜなら、アドレスしたときのプレーヤーの足の裏よりボールは高い位置にあります。そのため、通常の長さでクラブを持つと、どうしてもボールの下の芝を掘ってしまい、クラブヘッドが振り抜けなくなります。振り抜けないと「ラフは重い」という印象を持ってしまい、より強く打ち込もうとします。

こうなると、右腕の力を使って強く振ろうとするため、どうしても右肩が突っ込んでしまい、振り抜きがさらに悪くなります。そして、より右腕の力を使ってしまうという悪循環に陥ってしまいます。

ここに示した図5の2つの図は、共にラフに入ったボールの例ですが、図5Aはボールが芝の上に浮いていて、図5Bは芝の中に埋まっています。この2つの図では、ボールの周りの芝の状態は異なりますが、ボールとプレーヤーの足の裏の高さの関係はまったく同じです。

図5Aの状態のボールを打とうとした場合、クラブを長く持ってスイングするとクラブヘッドがボールの下をくぐってしまう感じがするので、クラブを短く持ってスイングしなければならないという感じはつかめます。

これに対して図5Bではボールは芝の中に埋まっているので、クラブヘッドを強く芝の中に打ち込むイメージがわいてしまいますが、足の裏とボールの位置関係は図5Aと同じです。ということは、図5Bのボールのようにたとえ埋まって見えていてもクラブを短く持って、クラブヘッドがボールの下をくぐらないようにスイングしなければならないことになります。

短く持って通常のスイングをしようとすると、見た目には、芝に負けそうな感じがますが、全米オープンのような強烈なラフではない限り、「それほど重くないな」という感じを受けるでしょう。そうなれば無駄な力は抜け、よりシャープなスイングができるのでいい結果が出るのです。

図1
前方の芝が長い

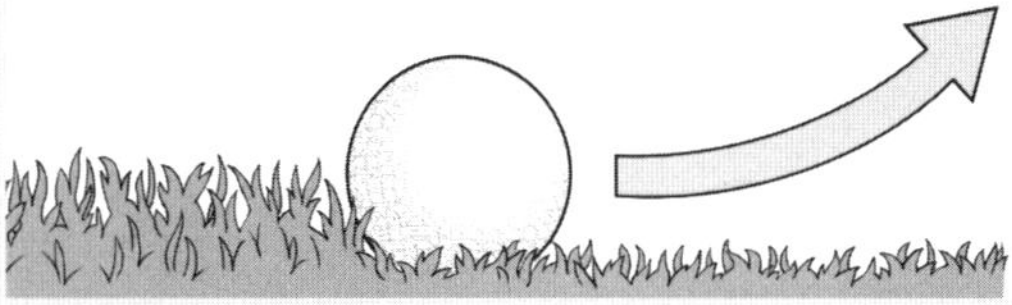

図2
前方の芝が短い

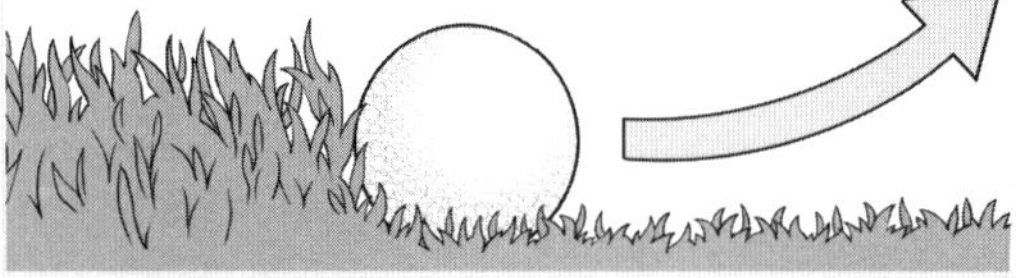

図3
手前の芝が長い

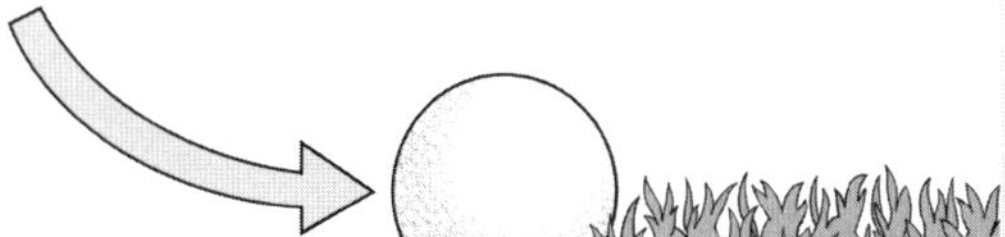

図4
手前の芝が短い

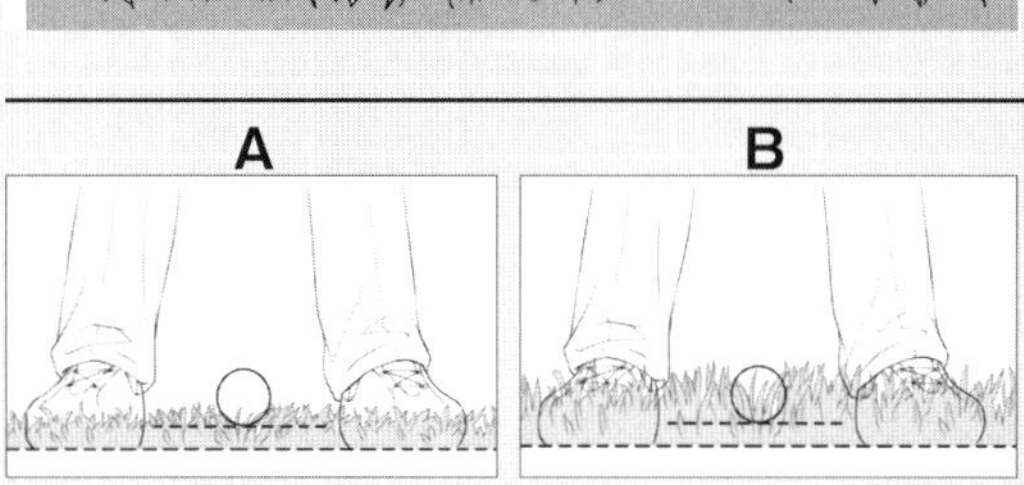

図5
芝の中に浮いているボール（A）と埋まっているボール（B）

POINT **ラフに入ってしまっても、クラブを短く持つだけでクリアできるケースが多い**

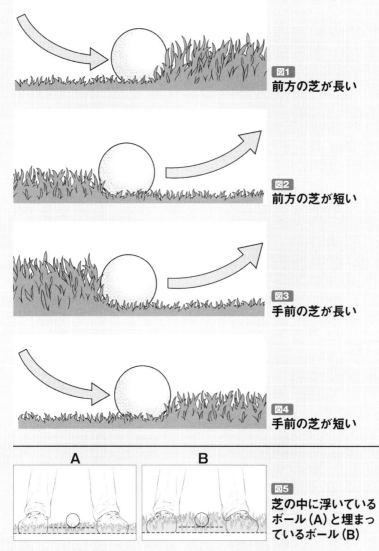

やってはいけない！31

斜面からはとにかく出すだけ

斜面にボールが飛んだ場合、「そこから無理に打たずに、1打犠牲にしても安全に平地に出すことがスコアをつくるうえで重要だ」ということがよく言われます。この教えを守って斜面からは横に出すだけの対応をするプレーヤーを見かけます 図1。

しかしその一方で、どんな状況でもグリーンに向かってフルスイングするプレーヤーも見かけます。

このような2つのタイプのゴルファーには、それぞれ問題点があります。

前者は、安全ばかりを考えているので、ある一定のスコアまでは出せてもそれ以上のスコアは望めません。また、いつまでたっても斜面がうまく打てないことになってしまいます。ゴルフコースは、たとえフェアウェイにボールがあっても多少傾いていたりするため、やはりある程度の斜面では打てるようになる必要があります。

後者は、とてつもない急斜面からでもグリーンを狙ってフルスイングするために、ミスがミスを呼び、そのホールで「大叩き」ということが多いでしょう。しかし、「斜面からでもグリーンを狙っていかないといいスコアは出ない」というチャレンジ精神は、あながち間違いとは言い切れません。

じつは、ここで問題なのは「斜面からのショットは無理せず、平地に出すことがスコアメイクにつながる」という考え方にあります。この考え方には、「斜面」→「その後」という視点があまり見えません。そのためにスイングするか否かの判断基準がわからなくなっているのです。

斜面からのショットで考えなければならないのは、斜面を打った「後のスイング」です。たとえば、後者のように、斜面から無理やりグリーンを狙ってフルスイングして、そのホールで大叩きして、スコアを崩したという話はよく聞きますが、大叩きをしたホール以外はどうだったでしょうか?

特に「その後」はどうだったのかを考えてみると、たしかに大叩きして緊張の糸が切れたという考え方もありますが、かなりの場合、まだ巻き返せるにもかかわらず、「その後」もショットは悪かった、ということが多いのです。

実際、5番ホールまで絶好調で、6番ホールで前上がりの斜面からフルスイングしたらボールが斜面を登るように上へ上へと飛ぶために、その斜面で数回フルスイングをして、そのホールで大叩きしてしまった。その後、18番をホールアウトするまでショットの調子は戻らなかったということはよくあることです。この場合、何が起こったのかというと、つま先上がり斜面で数回スイングしたために、そこまで絶好調だったスイングが壊れてしまい、その後はもとに戻らなかったということなのです。

この例でもわかるように、アマチュアゴルファーのスイングは、プロゴルファーのスイングと比べるとワイングラスのようにもろいのです。一度壊れてしまうと、練習場に行って調整するまでは戻りません。そのため、つま先上がりの斜面でいちばん大事なことは「自分のスイングが壊れるような振り方はしない」ということなのです。

これからもわかるように、「**斜面からのショットでは、自分のスイングを壊さないように対応することがスコアメイクにつながる**」のです。

こう考えると、斜面からのショットの仕方が、本書が推奨する「できるだけクラブの振り方は変えずにアドレスで対応する」というのもわかるでしょう。

そして、この考え方なら、完全に横に出してしまうタイプのプレーヤーも、ある程度の斜面ではアドレス対応し、ちゃんとスイングして打ってみようと思えるのです。

一方、どんな斜面でも「フルスイングする派」は、この急斜面でのフルスイングは自分のスイングを壊してしまうので安全策をとろうと考えられるのです。

図1 斜面から安全に出しているプレーヤー

POINT

斜面からのショットでは、自分のスイングを壊さないようにアドレス等で対応する

[つま先上がり] クラブを短く持つ
[つま先下がり] ヒザを曲げる
[左足下がり] 体全体を左に傾ける
[左足上がり] 体全体を右に傾ける

やってはいけない!

第四章

「アプローチ」&「バンカー」編

やってはいけない！32

フワッとした弾道で寄せる

グリーン周りのアプローチショットで、ボールが勢いよくころがってグリーンをオーバーしてしまうというミスはアマチュアゴルファーならだれでも経験があるでしょう。

このようなミスはフェアウェイでのミスショットと異なり、他のプレーヤーをグリーン上で何もさせずに待たせてしまうために、急いで反対側まで行って再びアプローチショットを打たねばならなくなります。

そこで再びトップを打ってしまうと大変なことになるので、ゴルファーはみな、プロのような「フワッとボールが空中に上がるアプローチショット」が打ちたいと願うものです。

このアプローチは、ボールがフワッと上がり、グリーン上に落ち、少しころがってから止まるため、やわらかくボールをヒットしているように見えます。そのため、多くのゴルファーが、アプローチショットはやわらかくボールをヒットするものと考えて、なんとか体の力を抜いてボールをヒットできないかを試みているのです。

しかし、体の力を抜けば本当にやわらかいボールが打てるのでしょうか?

スイングの項でも説明しましたが、スイング中にすべての力を抜いてしまうとクラブは動きません。クラブを動かすには、何らかの力をクラブに加えなければなりません。さらに、毎回同じ弾道のアプローチショットを打つには、どこに力を入れてスイングするのかを理解していないと同じ結果は得られないのです。

そこでここではアプローチショットでは、「体のどの部分に力を入れるべきか」を説明していきます。プロゴルファーの、ピシッと決まった感じがする動きは、「力を入れるべきところには入れ、入れないところには入れない」というメリハリから生まれます。

一方、アマチュアゴルファーの場合は、力みすぎの場合は全身に力が入り、逆に力を抜こうとする場合は全身の力を抜いてしまおうとします。これではうまくいきません。**「メリハリのある動き」で、フワッとしたボールを打つ**のが正解です。

そこでまず、左腕がクラブに加える2つの力から説明しましょう。左腕は、クラブに対して下に「押す力」と「引きつける力」の2つの力を加えています。抑える力を加えることでトップショットが防止できます。そして、腕を引きつける力は、クラブヘッドを毎回同じ軌道を通すことができるため再現性を高めることができるのです 図1 。

次に、右腕です。右腕は、クラブを下から支える力とアドレス時のクラブシャフトと腕の角度が変わらないような手首の力を加えています。この2つの力によって、クラブヘッドがボールの手前の地面を叩いてしまうダフリショットと、クラブヘッドがボールより下の地面を掘ってしまうササリショットが防止できます図2。

左右の腕の力が均衡状態を保つとアドレス時の「腕ーシャフト角度」が維持されます。これにより、クラブヘッドはボールより右側の地面を触ることはできなくなってしまうため、様々なミスショットを撲滅できるのです。

そして、左腕の力でトップショットを防止していくと、結果的に「フワッ」とした弾道のアプローチショットが打てるのです図3。このようなアプローチショットを打っているときのプレーヤーは、必要な力を十分に発揮して、その力の間に均衡状態を保ち続けているので、ふにゃふにゃした感じはありません。

図1 左腕だけのアドレス

図2
右腕だけのアドレス

図3 トップオブスイングとフィニッシュ時の「腕-シャフト角度」

POINT **「フワッ」としたボールを打っている
トッププレーヤーには、
「フワッ」とした感覚はない**

やってはいけない！33

「左」重心でヘッドをボールにぶつける

アプローチショットでダフってしまうと、振り幅が小さいだけに「ボールはまったく飛ばず、10㎝ぐらいしか動かなかった」ということがしばしば起こります。そこで、ダフらずに打つために、「クラブヘッドをボールの上にぶつける打ち方が正しい」と考えるプレーヤーが意外と多いのです。そのため、多くのプレーヤーがグリーン周りではボールを右に置き、左足重心でハンドファーストに構え 図1 、ボールをころがすように打っています。

たしかに、この打ち方はボールを確実にヒットすることはできます。しかし、バンカーが間にある場合やボールが深いラフに入っている場合は使えない……というように、使う状況が限定されてきます。また、ある一定の振り幅定以上のスイングでは使えません。

つまり、この打ち方は、一つの技にはなっていても、アプローチショットはすべてこれでOKというような技ではないのです。しかも、ボールの位置も、構えも、フルスイングとはまったく異なるために、このスイングだけの練習に時間をさかなければならなくなります。

一方、通常のアドレス姿勢と、ボールの位置から打つピッチエンドランのアプローチショットは、通常のスイングを小さくしたものです。なので、フルスイングの練習をしていてもアプローチショットの練習になるし、アプローチショットの練習をしていてもフルスイングの一部を練習していることにもなるのです。

このようなアプローチショットを覚えることが、アプローチショットだけでなくフルスイングをも上達させます。そこでここでは、「フルスイングを小さくしたアプローチショットの打ち方」を紹介していきます。

まず、クラブシャフトが時計の8時の位置から4時の位置まで動く「8―4スイング」です。このスイングは、腕を固定し、体を左右に45度ずつ回します図2。このスイングではアプローチウェッジを使うと10キャリーのピッチエンドランが打てます。

次の「9―3スイング」では、体の回転が90度から90度になり、クラブシャフトが時計の9時の位置から3時の位置まで動きます図3。クラブシャフトが3時の位置にあるフィニッシュ姿勢では、右足はつま先立となります。このスイングではアプローチウェッジを使うと30ヤードキャリーのピッチエンドランが打てます。

続いて紹介するのは、体が「9―3スイング」の回転を行う間に手首がコック動作を行うことでつくられる「L字スイング」です図4。

このスイングでは、個人差はありますが男性なら50〜70ヤード、女性なら30〜40ヤードのアプローチショットが打てます。

次の、リフトアップ動作を加えた「コの字スイング」は、フルスイングではグリーンオーバーの可能性があると感じたときに使うスイングです。

このスイングでは、背面から見た場合、背中側の腕とクラブシャフトの一部がカタカナの「コ」の字を形成します図5。

そして、「コの字スイング」と同じトップオブスイングからフィニッシュでクラブを左肩に担ぎ、プレーヤー各自のマックスの80%までの回転を合成させたフィニッシュ姿勢をつくればフルスイングとなります図6。

このように、**徐々に振り幅が大きくなり、フルスイングにつながるというようなアプローチショットを行っていれば、各スイングの練習がフルスイングをも上達させる**のです。

また、フルスイングをしていても、そのなかに「8—4スイング」と同じ「バックスイングの始動」「インパクトエリアのクラブの動かし方」「9—3スイング」の「ターン動作」、「L字スイング」の「コック動作」、「コの字スイング」の「リフトアップ動作」が含まれているので、練習効率がよくなるわけです。

図1 左体重ハンドファーストアプローチ

×
ボールを右に置き、
左足重心でハンドファーストに構え、
ボールをころがすように打つ

フルスイングを小さくしたアプローチショットの打ち方-I

図2「8—4スイング」のトップオブスイングとフィニッシュ

腕を固定し、
体を左右に
45度ずつ動かす

図3 「9―3スイング」のトップオブスイングとフィニッシュ

図4 「L字スイング」のトップオブスイングとフィニッシュ

フルスイングを小さくしたアプローチショットの打ち方-Ⅱ

図5 「コの字スイング」のトップオブスイングとフィニッシュ

後ろ側の腕と
クラブシャフトの
一部が
「コ」の字をつくる

図6 フルスイングのフィニッシュ姿勢

POINT **フルショットの精度を上げる、アプローチショットを習得しよう**

やってはいけない！34

アプローチはオープンスタンスで

アマチュアゴルファーの多くのが、「アプローチショットはアドレスするときに左足を引くオープンスタンスをとり、肩のラインも目標の左に向けた構えをとるのが正しい」と考えています図1。

「アプローチショットは動きが小さいためにインパクトエリアで体が止まってしまうので、クラブヘッドが先行してしまうような打ち方にならないよう気をつけている」ということはわかります。

しかし、このようなフルスイングとアプローチショットでの一貫性のないアドレスは、ゴルフスイングの習得を難しくしてしまいます。

「アプローチショットも、フルスイングと同じように体の回転でクラブを動かす」と考えると、アドレスで左方向を向いて構えると、「バックスイング時の体の回転がフルスイング時より浅いのでトップになりやすい」と言えます。

つまり、極端なオープンスタンスと肩の左向きを採用したアドレスは、「行ったり来たりアプローチショット」の元凶と言ってもいいのです。

ただし、フェースを左に向けるオープンフェースで打つロブショットの場合は、スタンスの向きも、肩のラインも左に向けて構えるのが正解です。その理由は、クラブフェースをオープンにして構えると図2、ボールは右方向に飛び出します。そのため、**目標方向にボールを打ち出すには、目標に対してオープンに構えなければならなくなる**のです。

この場合は、「目標の左側に仮想の目標がある」と考えればいいのです。この仮想目標に向かってスイングするために、仮想目標に対してスケアに構えてみると、本当の目標に対してはオープンスタンスで、肩のラインも左に向けていることになります図3。ただし、実際に打つ場合は、フィニッシュのクラブの位置にも注意しなければなりません。

仮想目標に対して、スイングしてフェースがオープンになっているからボールは目標に飛ぶということになれば、フィニッシュは本目標に対して打つスイングのフィニッシュより左に振り抜かれなければならないのです。

なぜならば、仮想目標に対してスイングするからです。もし、本目標に対しての振り抜きで終わってしまうと、クラブヘッドの勢いが弱いためにボールは高く上がるどころか右方向にチョロっと飛ぶだけとなってしまいます。

図1 アプローチショットのオープンスタンス

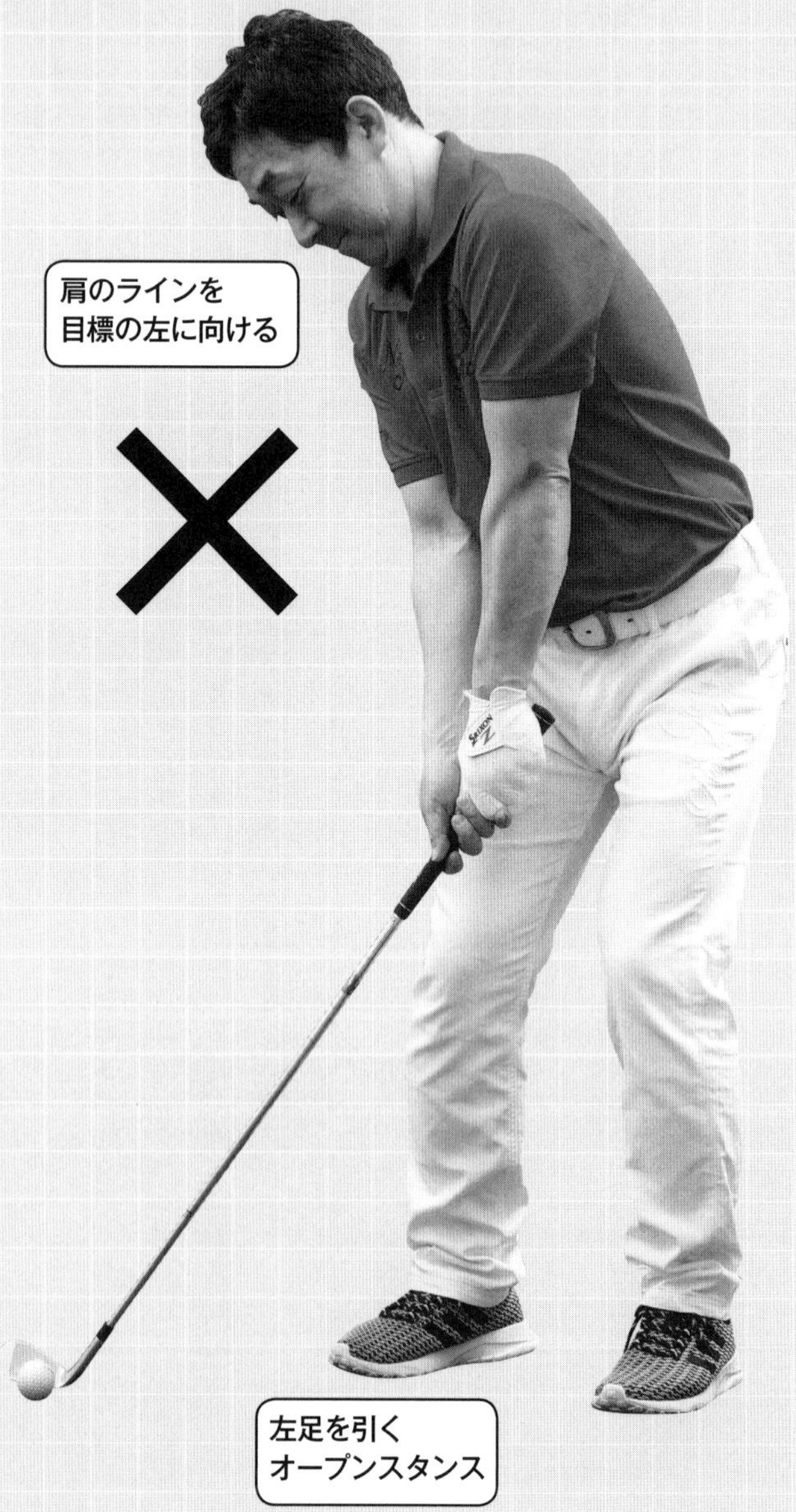
肩のラインを
目標の左に向ける
×
左足を引く
オープンスタンス

図2 オープンスタンス＋オープンフェース

クラブフェースを
オープンにして構えると
ボールは右方向に飛ぶ

図3 仮想目標に対しての構え

仮想目標
本目標
仮想目標に対して
スケアに構えると
本当の目標に対しては
オープンスタンスになる

POINT 通常のピッチエンドランのアプローチはオープンスタンスで構えない

やってはいけない！35

アプローチの基本はころがしだ

「アプローチの基本はころがしにある」ということがよく言われます。たしかに、「ころがし」にはミスヒットは少ない。特に、パターを用いてのころがしはミスすることはめったにありません。

ただ、「ころがし」の問題点は、間にバンカーなど障害物があると使えないということです。また、エッジまでが遠く、ピンまでが近い場合も使えません。無理に使うのであればグリーン外にワンクッション、もしくはツークッションということになるのですが、ボールの落としどころのラフがきつい場合はまず使えません。

このように見てくると、使えない場合も多々あります。一方、ころがしと対極にあるロブショットは、たしかにボールヒットの危険度は高い。ただし、ある程度ピンに近い場所にボールが落とすことができれば、どれくらいころがるかを読まなくても寄せられます。

こう考えると、上級者になるためには、どちらのアプローチも不可欠です。ランニングアプローチばかりやっていると、対極にあるロブショットは習得することが難しくなります。

腕が上がるにつれてどちらもできるようにしたいというのならば、「アプローチショットの中心にある打ち方」をはじめに習得すべきです。

アプローチショットの中心にある打ち方とは、「ピッチエンドラン」です 図1。ピッチエンドランは、おおむね目標までの半分をキャリーで運び、残りの半分をランで運ぶという弾道であり、通常アプローチウェッジやピッチングウェッジで打つショットのことです 図2。

ランニングアプローチに比べてミスヒットの確率は高まるかもしれません。しかし、ピッチエンドランでピンまで寄せる場合には、**どこに落として、どれくらいころがすというイメージをつくる**必要があります。

この読みはランニングアプローチやロブショットにはありません。つまり、ランニングアプローチしかしないというプレーヤーは、この落としどころに対する読みはいつまでたっても上達しないということになってしまいます。

プロゴルファーがグリーンをはずしたときに、ピンとボールの間に立ってどこにボールを落とせば寄せられるのかを調べているのをテレビなどで見た方も多いとは思いますが、ああいった読みはいつまでたってもできないということです。

たしかにミスヒットが少ないのは、「ランニング」「ピッチエンドラン」「ピッチショット」の順であり、ライが悪くても打てる順番も同じです。そこで最もミスヒットの少ないランニングアプローチを基本と考えてしまうのもわかります。

しかし、将来的に様々な状況からピンに寄せられるようになりたいと思うなら、ピッチエンドランから習得すべきです。

そして、**ピッチエンドランよりランニングやピッチショットのほうが寄せやすい状況というものも、自らわかるようになりたい**ものです。

たとえば、ランニングアプローチのほうが寄せやすい場合は、ピッチエンドランのボールの落としどころが2段グリーンの上り傾斜になってしまう場合図3とか、ピンまでが平らで距離があるアプローチの場合です。

また、ピッチショットのほうが寄せやすい状況というのは、バンカー越えのアプローチや2段グリーンの上の段に落とさなければならないアプローチのときといった具合です。

このような様々な状況からアプローチを行う際に、ボールの落としどころに対する読みができるプレーヤーは、適切なアプローチを選択できるようになるでしょう。

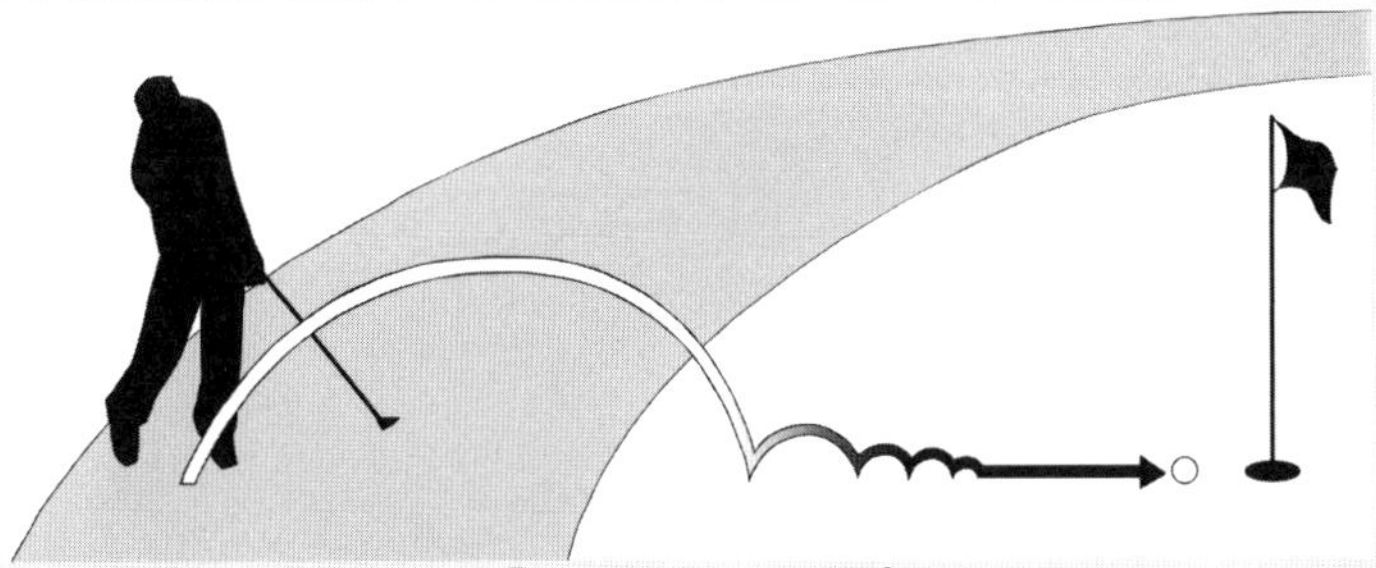

図1 アプローチの基本は「ピッチエンドラン」である

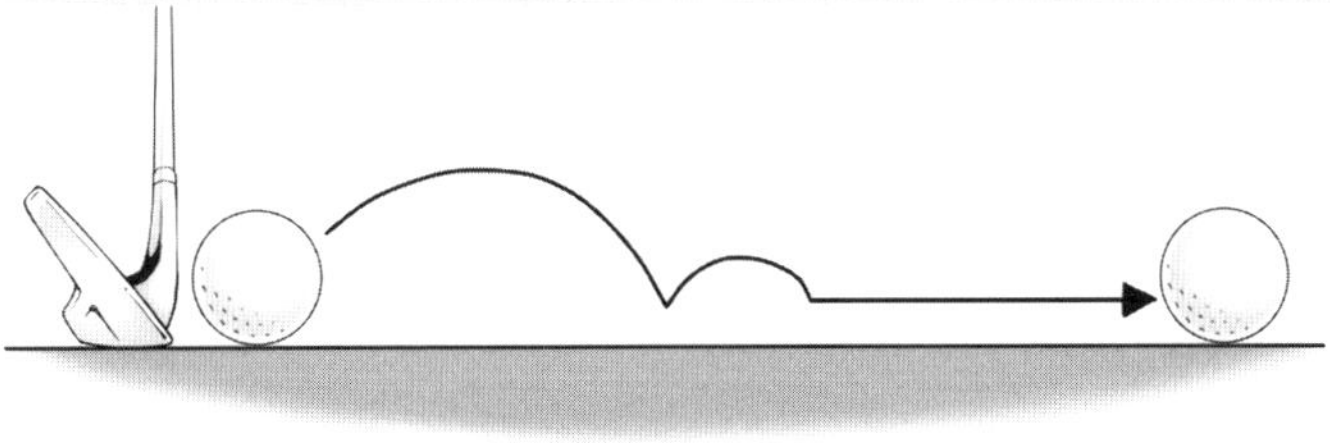

図2 ピッチエンドランの弾道イメージ図

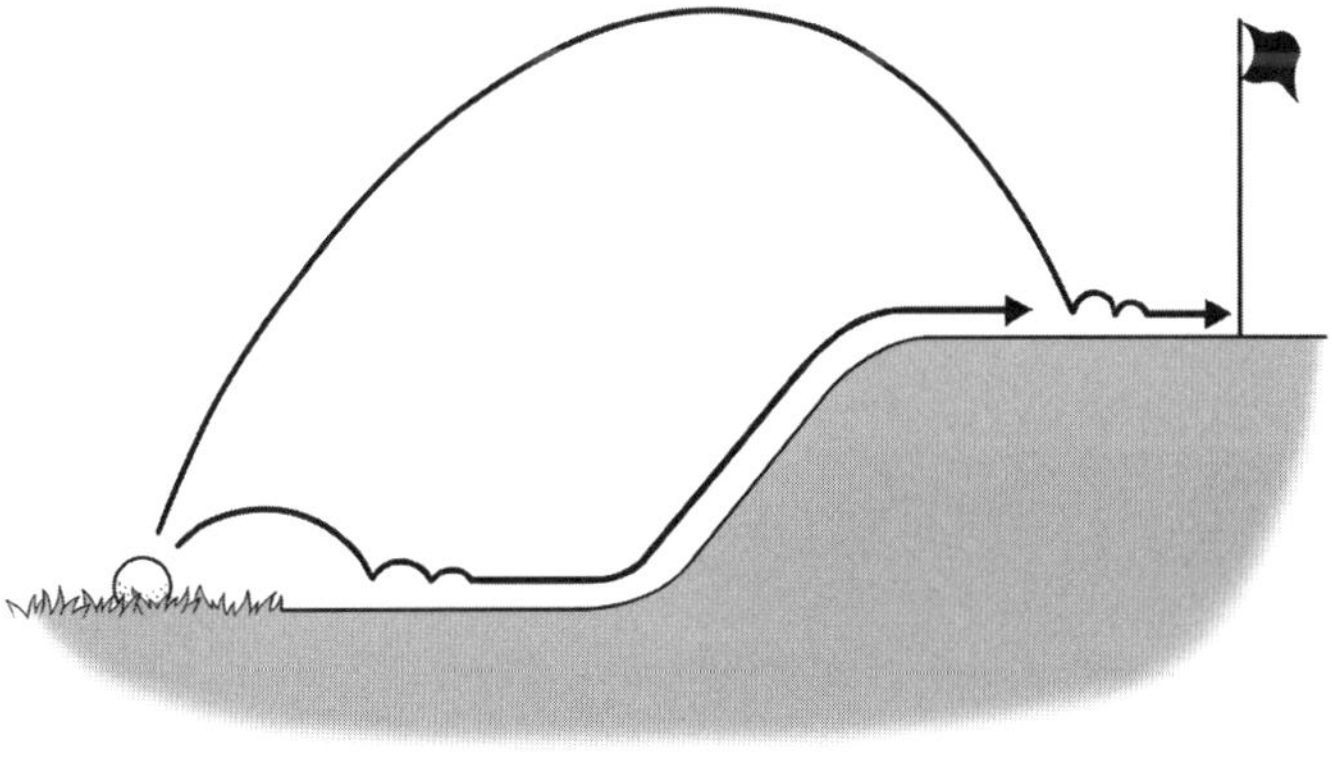

図3 2段グリーンの攻め方のイメージ図

POINT **アプローチの基本は「ピッチエンドラン」である**

やってはいけない！36

アプローチはクラブを短く持つ

アプローチショットはクラブの振り幅が小さいスイングであり、飛距離を求めるショットではないので「短く持って振ったほうが、クラブがうまく操作できてボールを確実にヒットできる」という考えから、「グリップのシャフトに近い位置を持ち、さらに体を小さくして目をボールに近づけるような構えでスイングする」という光景を見かけます図1。

しかし、小さく構えれば構えるほどスイングの仕方がわからなくなり、結局は腕だけの動きでクラブを動かすことになり、かえってミスショットを連発してしまうということがよく起こります。

じつは、小さく構えると、アドレス時の背骨の前傾角度が通常のスイングと変わってしまうため、スイング始動時に体をどう動かせばいいのかわからなくなってしまうのです。

前傾した背骨を軸に両肩を直角に回転させるというのは、肩が水平に回転しないのでなかなか難しいのです。これを、練習でやっとつかみかけているゴルファーが、アプローチショットのときに、急にクラブを短く持って上体の前傾角度を変えてしまったのでは、体はどうスイングをスタートさせればよいのかわからなくなってしまいます。では、プロゴルファーはどうしているのでしょうか？

たしかに彼らはクラブを短く持つときもあります。しかし、短く持った打ち方でも、多くの練習を積んでいるので、その場合の体の動かし方も彼らの体には十分インプットされているのです。

もちろん、プロゴルファーのように多くの練習時間をアプローチショットにも、スイング練習にもさけるというのであれば止めはしません。しかし、もし効率のよい練習をしたいのならば、どちらの場合もあまり持つ長さは変えないで、同じ体の回転で打てるように練習するほうがよいでしょう（図2）。

また、バンカーショットの場合も、ボールの下の砂ごと打つことを考えると、短く持つのは得策ではありません。操作性というのであれば多少短く持つのはかまいませんが、**上体の前傾角度が変わるほど短く持つのは避けるべき**です。

図1

短く持って小さく構えるアプローチショット

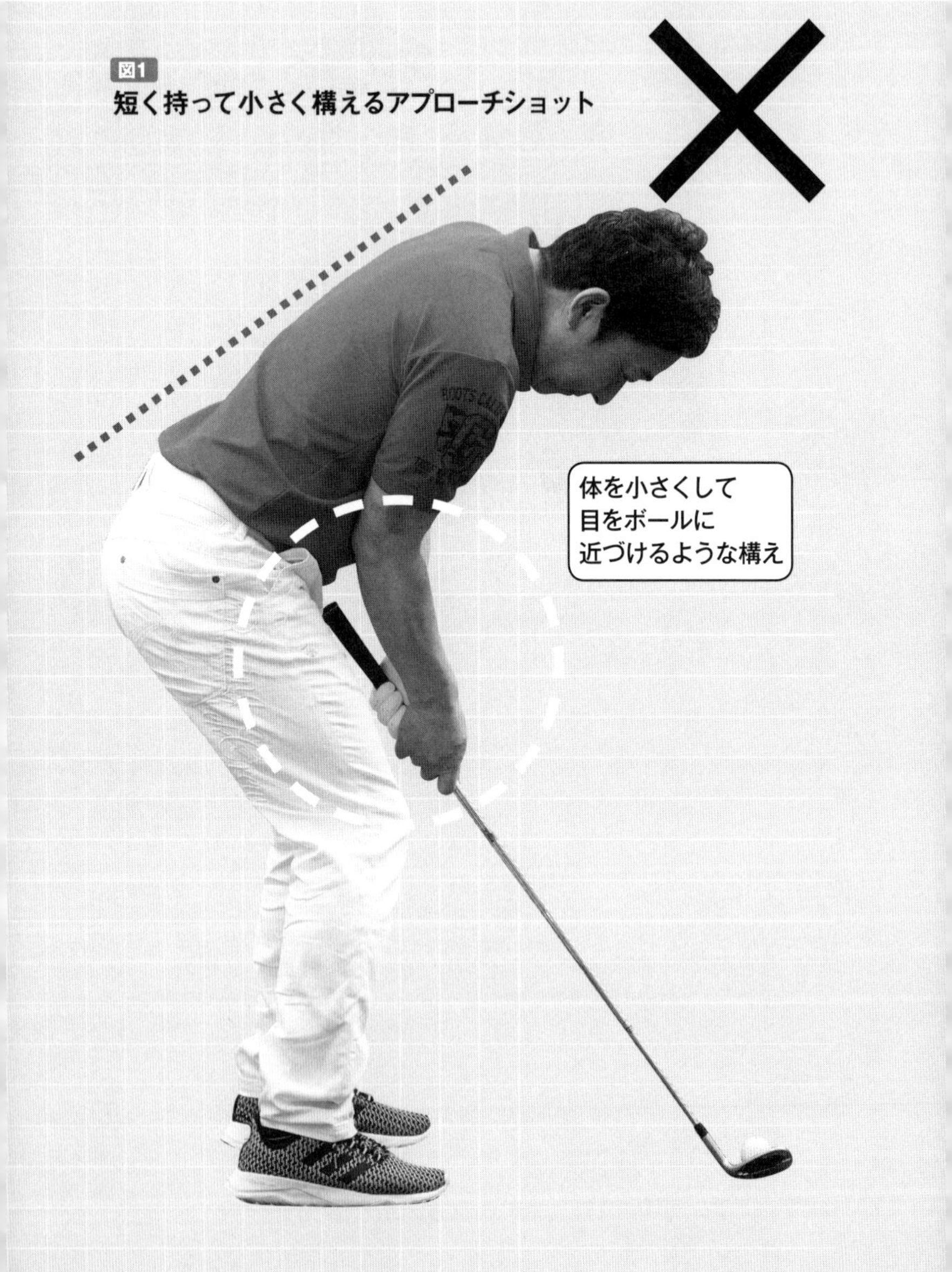

体を小さくして
目をボールに
近づけるような構え

図2
いつもの前傾角度

持つ長さは変えないで、
「同じ体の回転」で
打てるようにする

POINT **クラブを短く持つと、
上体の前傾角度が変わるので要注意！**

やってはいけない！37

バンカーでは早めコック

「バンカーショットは手首の動きがとても重要になるため、バックスイング時に早めにコック動作を行うのがよい」とされます。

そのため、体の回転を無視して手首だけでいきなりクラブを振り上げているプレーヤーをよく見かけます。

このような軌道では体が回転する前にクラブを振り上げることになるので、当然クラブは正しい軌道より外側に振り上げられてしまいます図1。

このような振り上げからボールの下の砂ごとボールを打とうとすると、どうしてもアウトサイドイン軌道でクラブヘッドを地面に打ち込むことになってしまい、砂を取る量が極端に増えて、ボールはあまり飛ばないということになってしまいます。

多くのプロゴルファーは、コック動作を早めにとっているようなことを言いますが、基本的にクラブの振り方はあまり変えていないように見えます。

では、なぜ「コックを早めに」と言うのでしょうか?

その理由は、アドレス時にすでにコック動作を行っているからです。

「それは何?」と思う方は多いでしょうが、この理由を理解するには、まず「**バンカーショットは、通常のスイングと同じスイング軌道でクラブを振ればいい**」ということから知る必要があります。

これを聞くと、多くの方は「通常のスイングで、なぜ砂ごとボールが打てるのか?」と思うでしょう。

しかし、図2を見てください。この図で、実線で表しているのが通常のスイングの軌道です。通常のスイング軌道の最下点は足の裏と同じ高さになって地面にあるボールをヒットします。

これに対して、点線で示したのがバンカー内で足を埋めたときの地面の高さとボールの位置です。

これを見てわかるように、バンカー内で足を砂に埋めただけで通常のスイング軌道はボールの手前で砂に潜り、「ボールがあった位置より先で砂から出てくる軌道」に早変わりするのです。

つまり、アドレス時に足を砂に埋めて、念のためにヒザを大きめに曲げ、通常のスイングをすれば、砂は自然に取れ、エクスプロージョンショットは完成するというわけです。ただし、ルールでは「ハザード内ではクラブはソールしてはならない」ことになっているので、アドレス時にクラブヘッドごと砂に埋めるわけにはいかないのです。

このとき、上体の前傾角度を起こしてクラブヘッドを砂に触らせないようにすると、通常の回転では砂は取れず、ボールを直接ヒットしてしまうスイングになってしまいます。

正しくは、**上体の前傾角度を変えずに手首の角度によってクラブヘッドを砂につけないようにする**のです。こうすれば、ダウンスイング時に通常と同じスイングをすれば、クラブヘッドは砂の中に潜ることになるのです。

この「手首の角度を変えてクラブヘッドを砂につけないようにする」ことがコック動作を行っているのと同じ感覚にさせるため、「通常のスイングよりコックを早めに」という発言となるのです。

つまり、スイング始動時にすぐ手首を使うというわけではないのです。

図1
外側に振り上げたバンカーショット

正しい軌道より
外側に振り上げられる

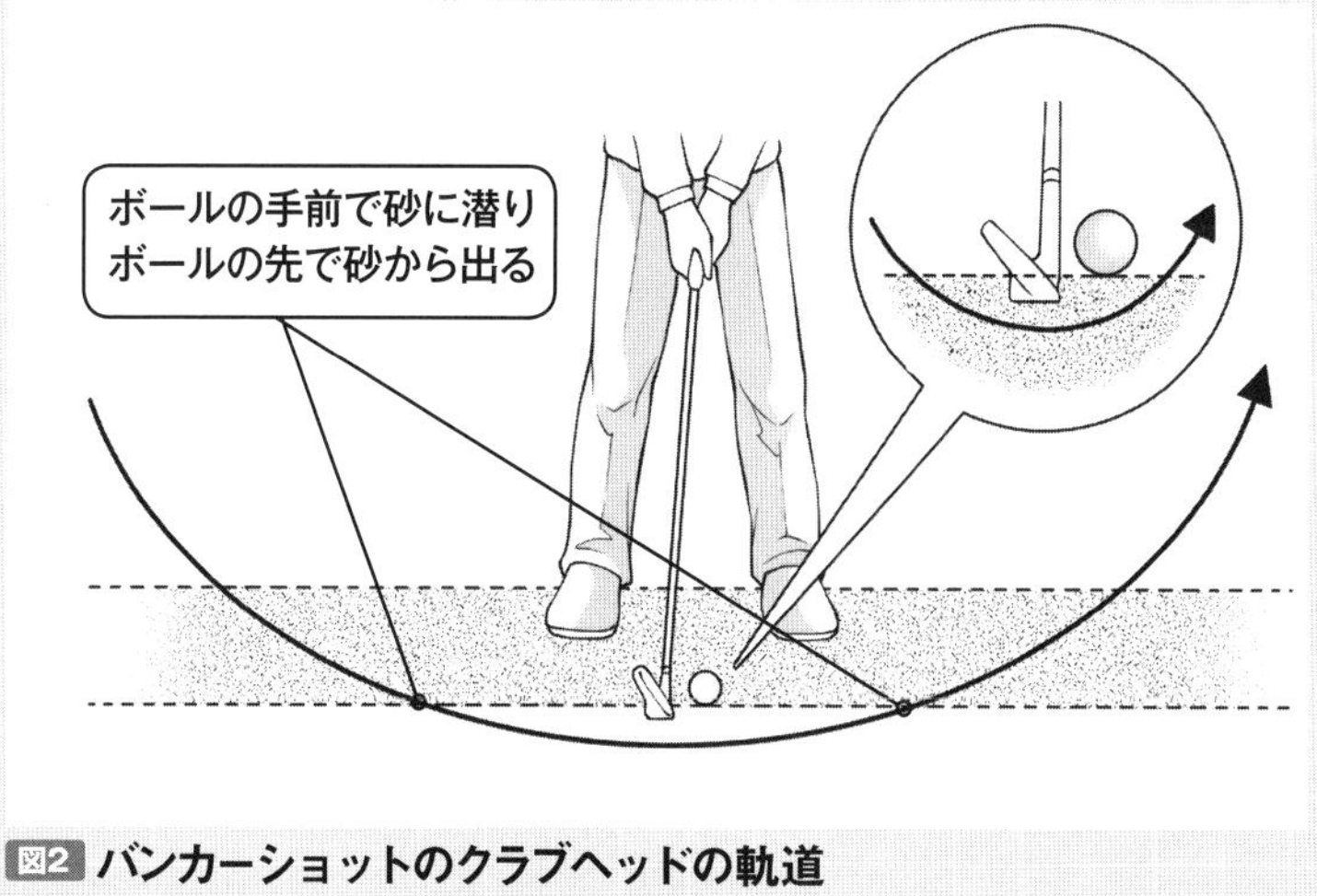
ボールの手前で砂に潜り
ボールの先で砂から出る

図2 バンカーショットのクラブヘッドの軌道

POINT 「コックはアドレスでつくる」が正解!!

やってはいけない！
38

バンカーショットのみアウトサイドイン軌道で打つ

バンカーでは、アウトサイドイン軌道でボールをヒットするのが正しいと考えているプレーヤーは多いでしょう。

たしかに、プロゴルファーのバンカーショットを真後ろから見ると、アウトサイドイン軌道でスイングしていることがわかります。そのため、通常のショット練習ではいつも「アウトサイドイン軌道で振ってはいけない」と言われているアマチュアプレーヤーたちは息を吹き返したかのように思い切りアウトサイドイン軌道で　バンカーショットを打っているのです。

バンカーショットは砂ごとボールを飛ばすために、ある程度思い切りのよいスイングが必要なので、のびのびとアウトサイドイン軌道で振るといい結果が出ることもあります。しかし、アウトサイドイン軌道のスイングは、クラブヘッドを上から地面に打ち込むような軌道になってしまうため、砂が多く取れすぎてボールが飛ばないということも多々起こります【図1】。

じつは、プロゴルファーのアウトサイドイン軌道は、**目標に対してはアウトサイドイン軌道ですが、通常のスイング軌道は変えてはいない**のです。

どういうことかというと、アドレス時にフェースを右に向けて開いた状態で構えるのは、ボールを高く打ち出しバンカーのアゴをクリアする方法です。そして、このボールは開いたフェースから打ち出されるために、目標に対しては右方向に飛び出します。

そこで、目標の左に向かって構えるオープンスタンスを採用してスイングすることになります。このスイング軌道は足や体の向きに対しては通常のスイング軌道です。が、ボールを飛ばす方向に対してはアウトサイドイン軌道になるのです。

この原理はアプローチのロブショットと同じです。ただし、ロブショットと若干異なるのは、フェースを開いてもバンカーショットはロブショットほど右に飛ばないということです。その理由は、バンカーショットではヘッドが砂の中を通るときにネックの部分に抵抗が加わり、若干フェースが返ってしまうからです【図2】。

バンカーショットでは、サンドウェッジの裏側にあるバンスを下に向けてスイングするほうが、クラブヘッドは深く砂の中に潜らないために安心して砂を取りにいけるのです。しかも、ボールは高く上がります。そのため、初心者の頃は、通常のフェースの向きでバンカーショットを打ってもある程度の高さのアゴまではクリアできるので、通常の構え方と振り方でバンカーショットを行うのです。

でも、上級者になりたいのであれば、フェースを開くバンカーショットを覚えるべきです。

ただし、練習でもオープンフェースのロブショットの練習をして覚えていく必要はあります。バンカーショットは通常のショットより難しいのです。クラブのソールを地面につけることができないうえに、砂ごとボールを飛ばさなければなりません。

そのような状況のなかで、日頃練習していないスイングを行うというのであれば、よりいっそうバンカーショットは難しいものになってしまいます。

通常の練習から、フェースをオープンにしただけで左の仮想目標に対してスイングして本来の目標に飛ばすアプローチショットの練習をしておいて、オープンフェースのバンカーショットに挑みましょう。

くれぐれも、通常はインサイドイン軌道のスイングを練習しているのに、バンカーショットだけはアウトサイドイン軌道でやるというのはやめましょう。

図1 アウトサイドイン軌道のスイング

図2 砂の中でフェースが返ってしまう

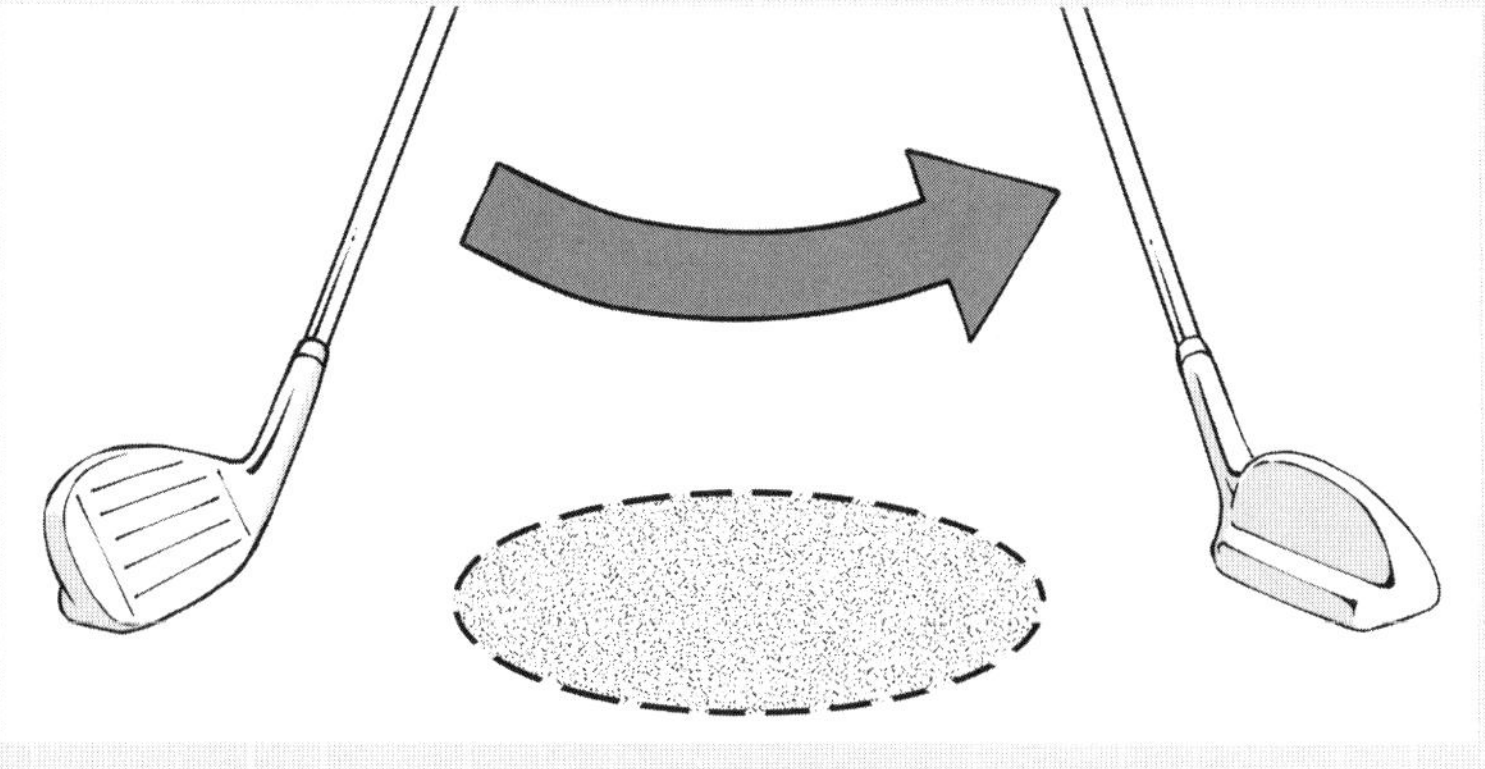

POINT 通常はインサイドイン軌道のスイングを練習しているのに、「バンカーショットだけはアウトサイドイン軌道で」はNG！

やってはいけない！
39

バンカーではクラブの入れどころに集中する

ガードバンカーからのショットでは、高いアゴをクリアするために高い弾道のショットを打つ必要があります。そこで、ボールを下の砂ごと打つエクスプロージョンという技が求められるのです。このショットでは、クラブフェースがボールの下の砂の中を通過する、いわゆる「ダルマ落とし」状態になって、ボールが高く舞い上がるのです。

つまり、クラブヘッドはボールの手前から砂の中に入り、ボールの先で砂から出てくることになります。そのため、このショットを成功させる方法としてよく言われることに、「ボールの3cm手前にクラブヘッドを強く打ち込む」というアドバイスがあります。

この方法を実践しようとして、トップでボールの3cm手前を睨みつけてクラブヘッドをその位置に叩きつけているプレーヤーをよく見かけます。しかし、たいていの場合、「ボールの10cmほど手前にヘッドを打ち込んでしまい、ボールの手前に大きな穴ができて、ボールはあまり飛ばずにバンカーからの脱出に失敗……」となるのです。

こうなったときに、砂を掘りすぎたと考えて砂を薄く掘ろうとすると、今度はクラブを振りおろす速度を弱めてしまうため、クラブヘッドが直接ボールに当たり、ボールはグリーンをはるかに超えてしまいます。通称「ホームラン」というミスです。結果、「ボールが飛ばないか」「飛びすぎるか」になってしまい、バンカーショットが怖くなってしまいます。

なぜ3cm手前にクラブヘッドを打ち込もうとしているのにもかかわらず、10cmぐらい手前に打ち込んでしまうことがしばしば起こるのでしょうか？　それは、「打ち込む場所を、睨みつけてしまう」からです。睨みつけてしまうがゆえに、頭がその位置に固定され、重心移動ができなくなり、思ったより手前の砂を掘ってしまうのです 図1。

砂を取るスイングでも、通常のスイングと何ら変える必要はありません。バンカーショットが通常のスイングと同じ振り方でいいとなれば、当然スイング中の左への重心移動も同時に行われます。そして、それによって両足の間の砂が取れます 図2。

これに対してトップでボールを睨みつけるような動きを行うと、左への重心移動が止められてスイング軌道の最下点がボールより右側になり、通常のスイングのダフリを打つときと同じ原因になるわけです。たしかに、プロゴルファーのなかには、バンカーではフィニッシュ時に右のかかとを上げないでスイングしている人もいます。しかし、彼らの足首は柔軟で、右かかとを上げなくとも重心はしっかりと左に移るのです。

図1
フィニッシュで体が右に
残りボールの手前の
砂を取ってしまう

一般のアマチュアゴルファーは、**通常のスイングのように右かかとは上げたほうがバンカーショットはうまくいく可能性は高い**のです。

図2
ボール間の砂を取り
正しいフィニッシュをとっている

○
スイング中の左への
重心移動も同時に行われる

POINT バンカーショットも、
通常のスイングと同じように
「フィニッシュで右足はつま先立ちに」なるように

やってはいけない!

第五章 「パター」編

やっては
いけない!
40

パターのストロークは真っ直ぐ引いて真っ直ぐ出す

「パターのストロークでは、ヘッドを真っ直ぐ動かすべき」と考えて練習しているゴルファーは多いようです。そして、パターヘッドを真っ直ぐ引いて、真っ直ぐ出すための練習器具も数多く発売されています。しかし、パターヘッドを真っ直ぐ動かそうとすると、手元の動きが曲線になるためスムーズな動きができなくなるのです。

パターのストロークで重要なのは「手元をスムーズに動かすこと」です。ヘッドを真っ直ぐに動かそうとすることは逆効果なのです。パターの構造の規定では、「ライ角は80度を超えることはできない」ことになっています。そのため、手元を真っ直ぐにスムーズに動かした場合は、ヘッドは真っ直ぐには動かないのです。

では、なぜこのようなことが言われるのかというと、アドレス時にフェースを狙った方向と直角にセットするイメージがわくからです。

こうすることで、インパクト時にパターのフェースが目標方向に対して直角な状態でボールに当たるようになります。そうなると、ストロークがぶれてもカップインの確率は高まるのです。

じつは、短いパッティングの場合はフェースが右を向いていればいかにヘッドを左方向に振ってもボールはフェースの向き（右方向）にころがります。

一方、フェースをカップに向けてヘッドを右方向に振ってみるとカップインできる。ということは、大げさな言い方になりますが、短い距離のパットは、構えたときにパターフェースが目標に対して直角にセットさえされていれば、しっかり握ってフェースの向きが変わらないようにストロークするだけで、たとえその軌道が真っ直ぐでなくともカップインするのです。

その理由は、短いパットではフェース面とボールがコンタクトしている時間がとても短いために、ボールはフェースが当たった瞬間の向きに飛び出してしまうからです。

そう考えると、短いパットはフェースを真っ直ぐ引いて真っ直ぐ出そうとしても、それは当たる瞬間のフェースの向きを直角にするという意味では効果はあるのですが、それ以外では逆効果になることが多いということになります。

つまり、ストロークがぎくしゃくしてしまい、「届かなかった」という思わぬショートが発生してしまうのです。

図1にはパターを真っ直ぐ引いた場合と手元を真っ直ぐに動かした場合のヘッドの軌道が描かれています。

この図からわかるように、ヘッドを真っ直ぐに動かそうとすると手元は曲線軌道で動かさなければならなくなります。この不自然でぎこちない動きのために思わぬショートが発生してしまうのです。

短いパットはフェースを目標に対して直角にセットして、しっかり握ってストロークする。その際には手元をスムーズに動かし、ヘッドの動きは多少円軌道になっても意識しないことです。

ただし、この直角というのがなかなかクセモノで、直角に構える感覚を習得するのは意外と難しいのです。

たとえば、50㎝のパットをカップインさせようと思ったら、フェースの向きの誤差は角度にして左右に6度づつ、合計12度まで。12度以上フェースの向きがずれていると、たとえ50㎝のパットでもカップには入りません。

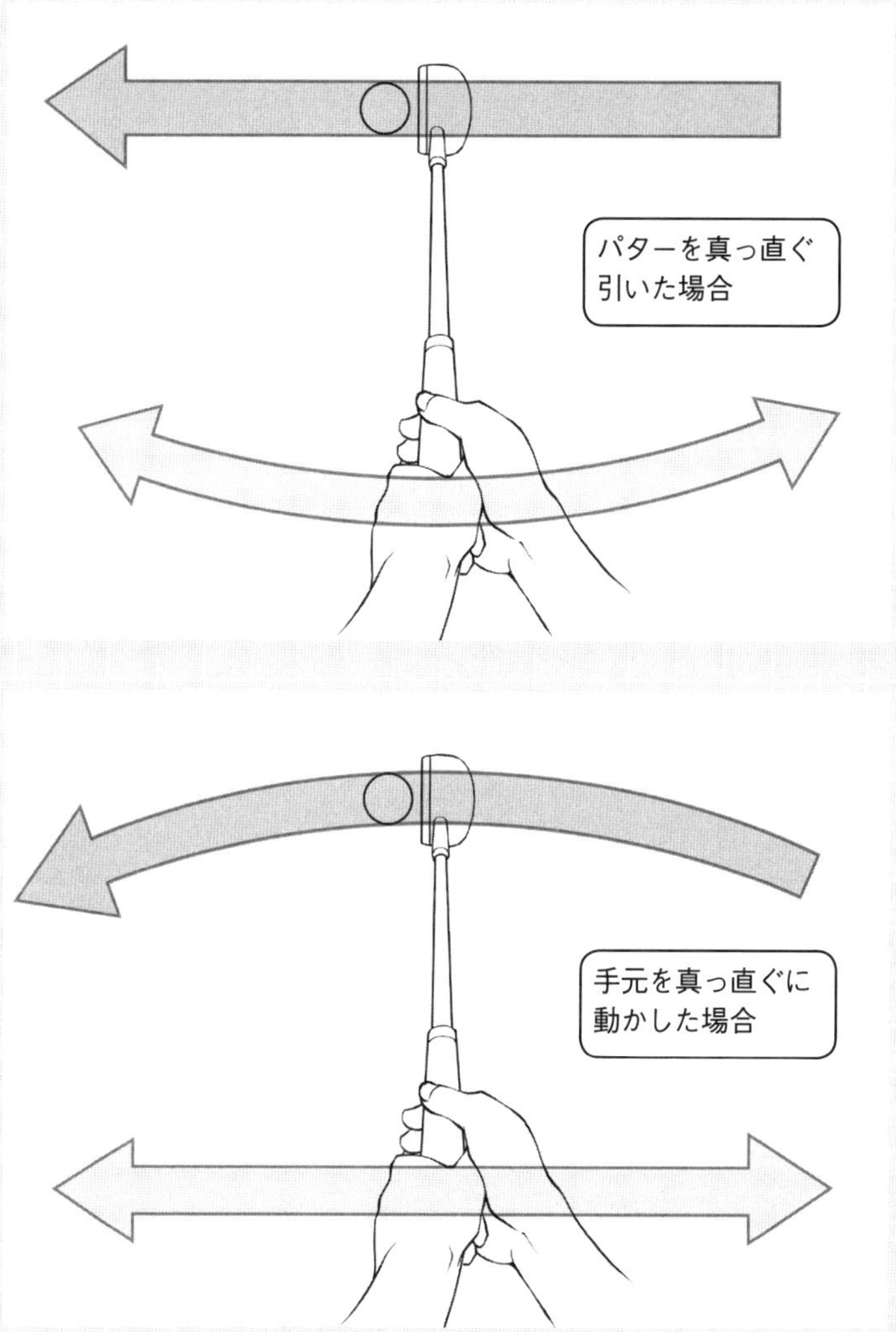

図1 手元とヘッドの動きのイメージ図

POINT パターのストロークで重要なのは、「手元」をスムーズに動かすこと

やってはいけない! 41

ロングパットの距離感はボールを手でころがすイメージ

ロングパットの距離感を出すために、「ボールを手でころがすようなイメージで」とはよく言われる定説です。

この感覚を磨くために、打つ前に手でボールをころがすようなジェスチャーを行っているゴルファーをよく見かけます 図1。しかし、このような動きで本当に距離感は身につくのでしょうか?

誰でもゴミをゴミ箱に投げ入れるとき、手を何度か振ってから投げた経験があるでしょう。この動作は、腕を何度か振ることによってイメージ上で何度もゴミを投げながら腕の振り幅を決めているのです。このイメージ上の「腕振りゴミ投げ」は、その人が過去の生活のなかでゴミを投げた経験に基づいています。

空想上の話になりますが、ある人を月に連れて行き、ゴミを投げてもらったらどうでしょう。月面上では重力の違いから過去の経験はまったく役にたたないため、**イメージ上の「腕**

振りゴミ投げ」は意味をなしません。

この例でわかるように、イメージ上のリハーサルは「同じことをやった経験がないと役にたたない」のです。つまり、先の定説は「グリーン上でボールを手でころがしたことがない人には役に立たない」のです。

では、この動作はまったく無意味なのでしょうか?

じつは、そうとも言えません。なぜなら、このリハーサルは「打ち出し初速のイメージ」につながるからです。

プロゴルファーは、グリーン上で他のプレーヤーがロングパットを打ったときに、ボールが1・5メートルほどころがった時点でそのパットがショートかオーバーかを予想できます。それは、多くのころがるボールを見た経験から、打ち出された初速からそのボールがどこに止まるのかが予想ができるようになってしまっているからです。

実際にパッティングを行うときには、このボールの初速はパターの振り幅で調整されますが、多くのアマチュアゴルファーは、パターでさえボールをころがした経験が少ないものです。

そのため、打ち出し初速を素振りでイメージすることは難しいのです。そこで、打ち出し初速をイメージするためにボールを手でころがす動作をして、手でボールのころがした場合のころがし初速を脳にインプットする。そして、パッティングを行うときに、その速度に近い速度で球が打ち出せるようにするのです。

そう考えると、アマチュアゴルファーは、**パターの素振り幅と打ち出し初速の関係を習得することが距離感習得への近道**ということになります。

そこで、練習のときから打つ距離を決めたうえで、そこに止まるボールの初速を見るという練習を行えばいいのです。

たとえば、10ヤードを目標とするなら、何球か打ってみてちょうど10ヤードに止まるボールが1・5メートルの位置を通過する速度を見るのです図2。この速度は同じ10ヤードでも上がりの場合と下りの場合では異なります。

この練習をしながら、ラウンド中は他人の打ったボールの打ち出し初速からボールの停止位置を予想する練習もしておきましょう。こうすることで、打ち出し初速をイメージする力がつき、パターの距離感がよくなるのです。

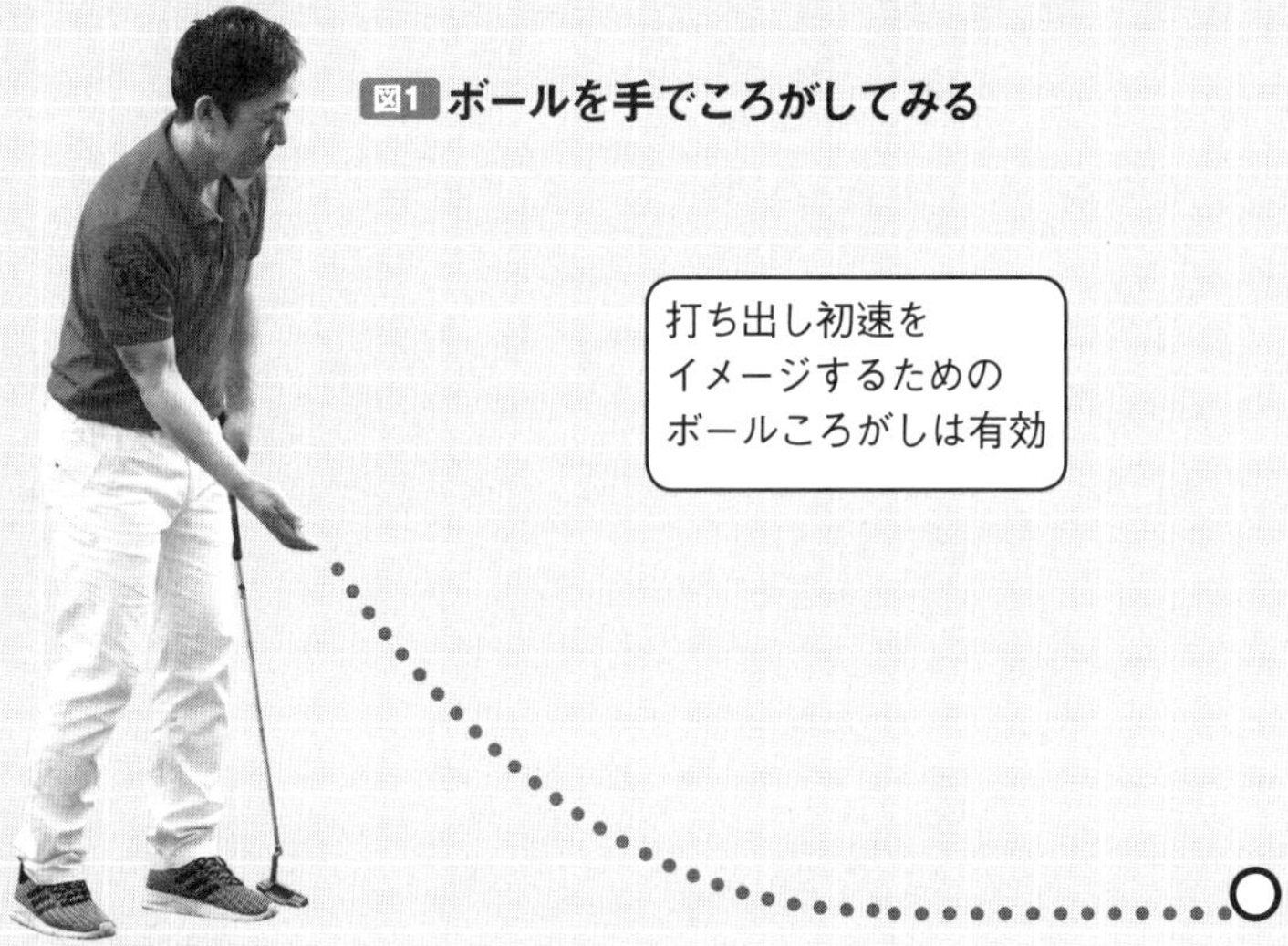
図1 ボールを手でころがしてみる
打ち出し初速を
イメージするための
ボールころがしは有効

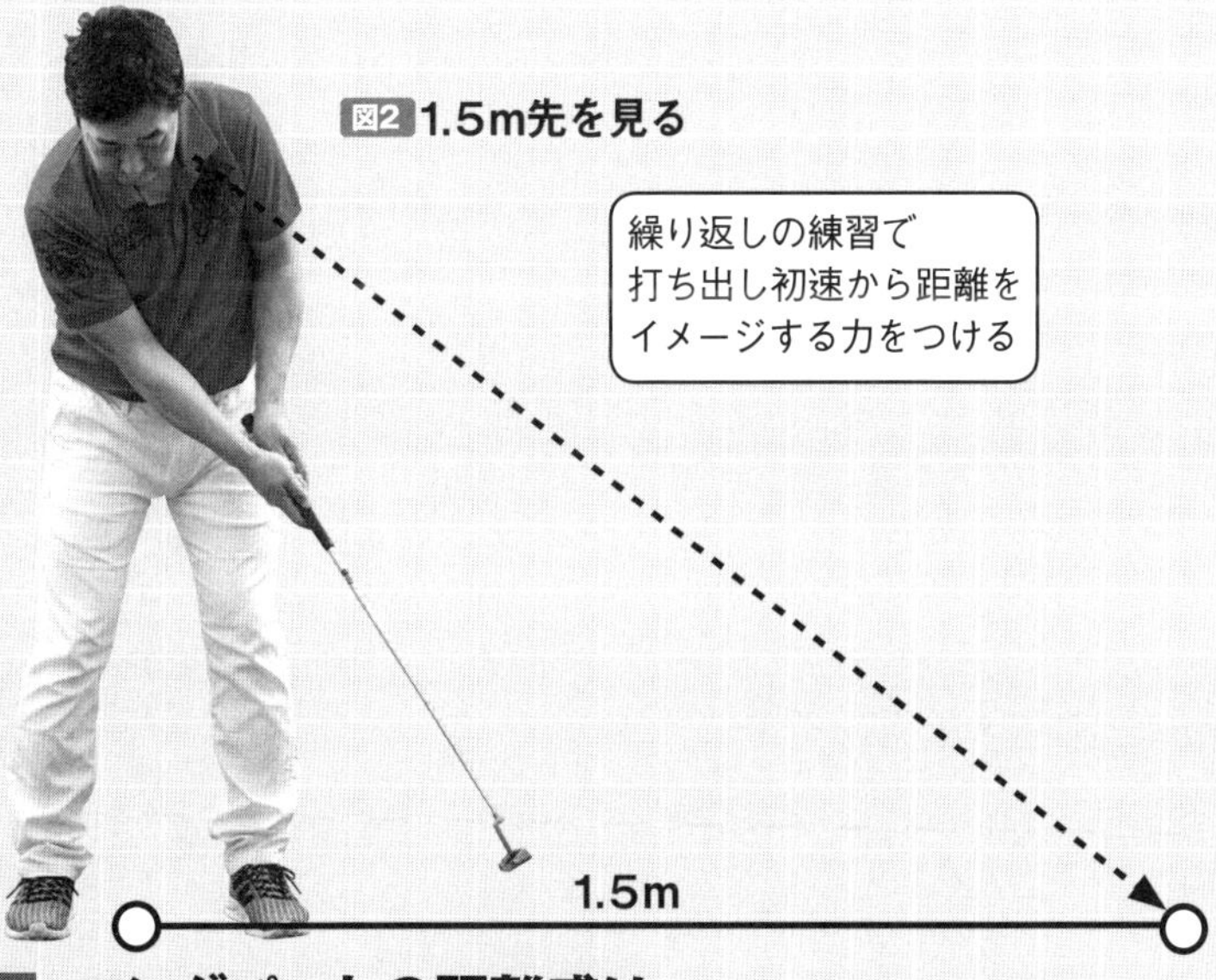
図2 1.5m先を見る
繰り返しの練習で
打ち出し初速から距離を
イメージする力をつける
1.5m

POINT **ロングパットの距離感は「打ち出し初速」をイメージすることで力がつく**

やってはいけない！42

たとえはずれても、「プロライン」にははずれるように

「プロラインにはずす」というのは、スライスラインならカップの左側にはずし図1、フックラインの場合はカップの右側にはずす図2ということを指します。

しかし、パティングの際に実際にはずそうと思って打っているプレーヤーはいません。距離を合わせるロングパットにしても、入れるということより寄せるということに重きを置いているだけで、わざわざはずすようには打ってはいません。

では、なぜ「はずせ」と言うのでしょうか？

そして、なぜそれを「プロライン」と言うのでしょうか？

スライスラインを例にとると、スライスラインというのは、カップの右側に打ち出してしまうと絶対に入りません。

でも、いざスライスラインを打とうとしたときに「切れないのでは？」という不安からカップの中心に向けて打ってしまうということは多々あります。

そうすると、ボールはカップの途中で切れて右側にはずれるということが起こります。

そこで、「左側にはずれてもかまわないという意識で打て」ということになるのです。

たしかに、このように切れると決めたらカップに向かっては打たないという点では意味がありますが、やはり**はじめからはずれるように打つということはありません**。

また、アマチュアプレーヤーの場合だけでなくプロゴルファーでさえ、調子が悪くなると、打ち出しからまったくラインに乗らないパットを打ってしまう場合があります。

たとえば、スライスラインでは意を決して左を狙っているにもかかわらず、打ち出しからカップ、もしくはカップより右に出て、さらに右に切れるという感じになってしまうのです。

このようなころがり方では、入れたいと思って打っているにもかかわらず、打った後に「入るか⁉」というドキドキした感じがまったくなく、打った瞬間に入らないという答えが判明してしまいます。

そこで、「せめて期待を持ってボールを追いたい」という意味でプロライン側にはずすという発想が生まれるのです。

じつは、打った瞬間から期待を裏切ってしまうパターには原因があります。それは前述のとおり、パターヘッドを真っ直ぐ動かそうとすることにあります。

パターにはライ角が義務付けられているので、真っ直ぐ引こうとするとフェースは振り上げたときには左下を向いてしまいます。また、振り抜いたときには右上を向いてしまいます。

一方、大きなストロークでのびのびと素振りをしてみるとパターのフェースは図1、図2のようになります。

しかし、もしフックラインがラインに乗らないとしたら、どうしてもパターを振り上げるときにヘッドを真っ直ぐ引こうとしてしまいます。

また、スライスラインがラインに乗らないときは、真っ直ぐパターを振り抜こうとしてしまいます。つまり、これらの振り方は、フェースにそれぞれの「ラインに乗せないような動きをさせている」ということがわかります。

そこで、プロライン側に意図的にはずすということはしないで、ラインに乗らなくなったときには、**真っ直ぐ引いて真っ直ぐ出そうとせずに、手元をスムーズに真っ直ぐ動かすことに集中**してみましょう。

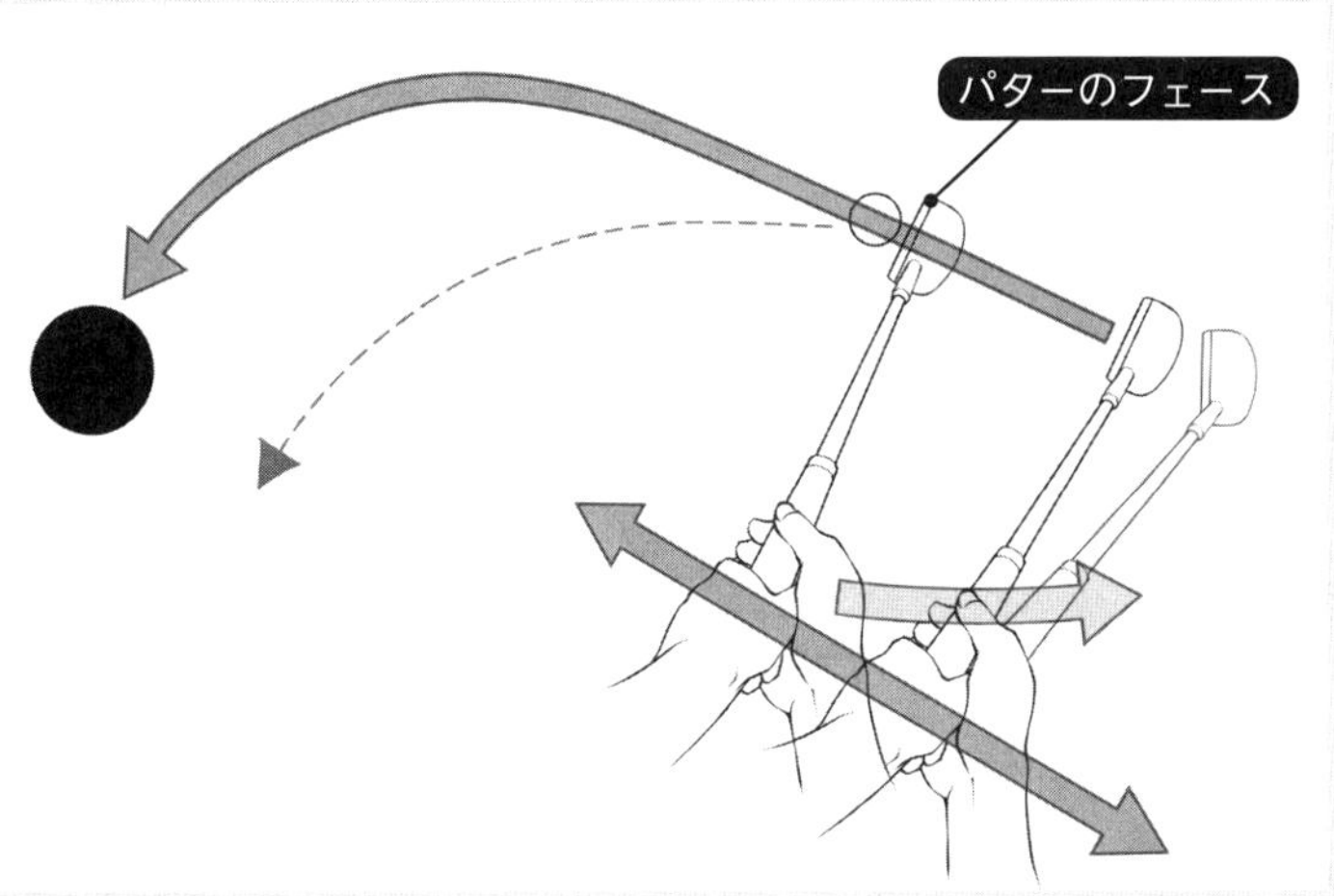

図1 プロラインはずし（フックライン）

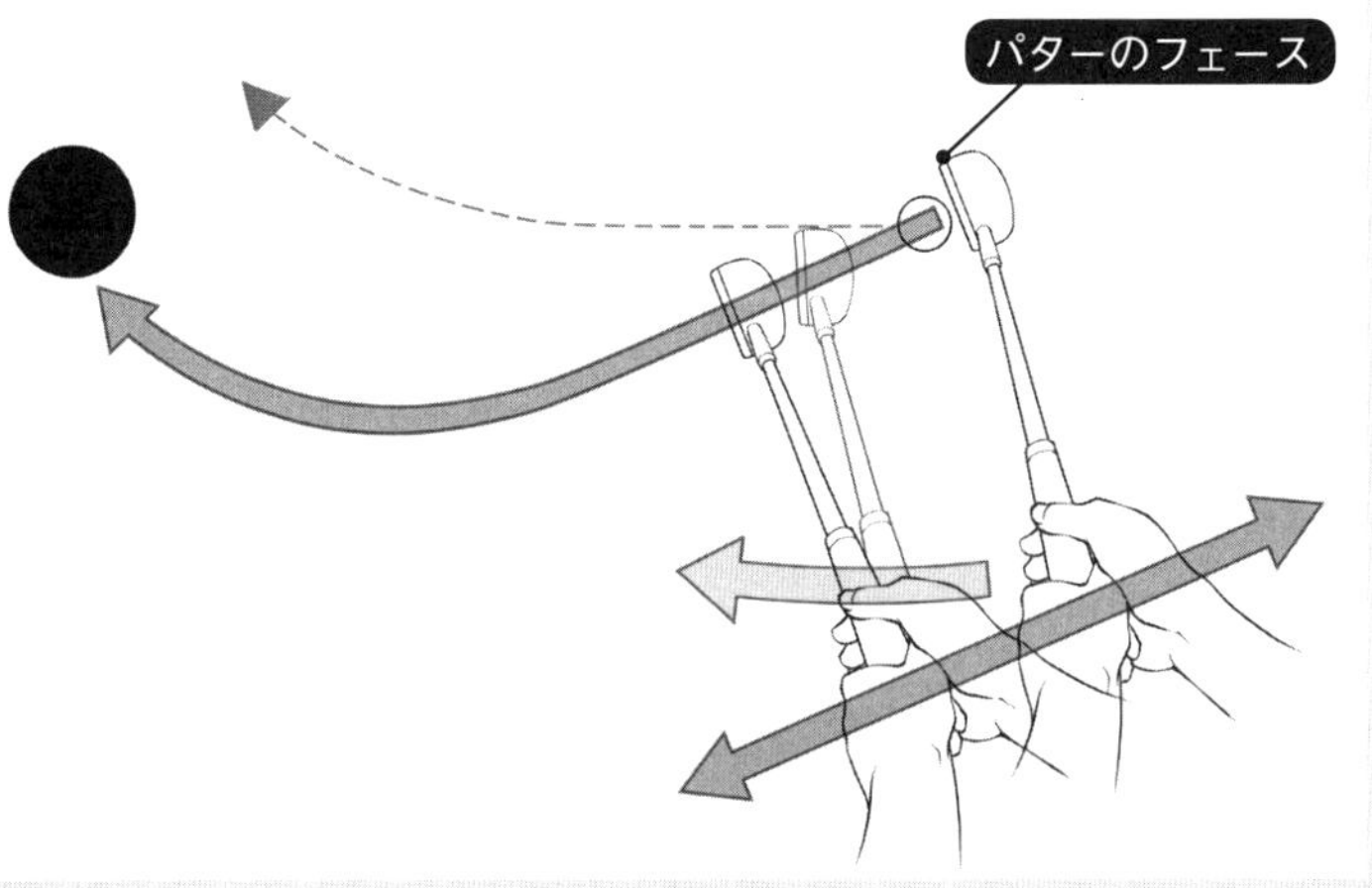

図2 プロラインはずし（スライスライン）

POINT

「プロライン」を意識するよりも、自分の「読み」を信じてそのラインにスムーズなストロークで打ち出すことを心掛ける

やっては
いけない!
43

パターの形状は好みで選ぶ

パターヘッドの形はプレーヤー各自の好みで、自由に選んでかまわないということがよく言われます。しかし、道具好きで自分の好みがはっきりわかるプレーヤーなら、「使いたい形」というのがあるでしょう。

しかし、それほど道具通でなく、好みがそれほどないプレーヤーにとっては何を基準にパターを選んでいいのかまったくわかりません。また、たとえ道具通であっても技術的根拠が何もなく、ただ自分の好きなプレーヤーが使っているからという理由で選ぶのではあまり意味がありません。

そこでここでは、パターの形を選ぶときの目安について説明したいと思います。

現在、主流となっているパターヘッドの形状には、「ピン型」「マレット型」「ネオマレット型」の3種類があります 図1。

このなかで、「ピン型」はなんといっても目標に対してパターフェースを直角に構えやすく、インパクト時のパターフェースの向きが重視されるショートパットを打つのには有利です。「ネオマレット型」でも正方形に近い形をしているパターは、ショートパットには向いていています。

一方、「マレット型」は、片側が丸くなっているため、真っ直ぐ引いて真っ直ぐ出すというイメージは持ちにくいでしょう。

パターのストロークでは、ライ角を80度以上つくらなければならないというルールがあるので、ヘッドを直線的に動かそうとすればするほど、手元の動きは曲線軌道になってしまいます。

手元を曲線軌道で動かそうとすると、ストロークはぎくしゃくするため、いいころがりが得られず、短いパットでもカップの手前で止まってしまうということが多くなります。そのため、**ストロークの仕方に悩んだり、あまりにカップまで届かないミスが増えているというプレーヤーは、このマレット型を使うのがいい**でしょう。

また、マレット型のパターは重心がピン型より後ろにあるため、インパクト時にはアッパー軌道になりやすく 図2 、引っかけパットは出にくいのです。

これに対してピン型の方はハンドファーストのインパクトがイメージしやすいので、押し出しパットは少なくなります 図3 。

そこで、引っかけやすいプレーヤーは「マレット型」、押し出しやすいプレーヤーは「ピン型」という選び方もできます。

一方、「ネオマレット型」のパターの場合は、あまりヘッドを先行させるとパターの後ろ側が地面に触ってしまうので、極端なアッパーブローはできないうえにハンドファーストイメージもわくので、ストロークを安定させるならネオマレット型を選ぶということも考えられます。

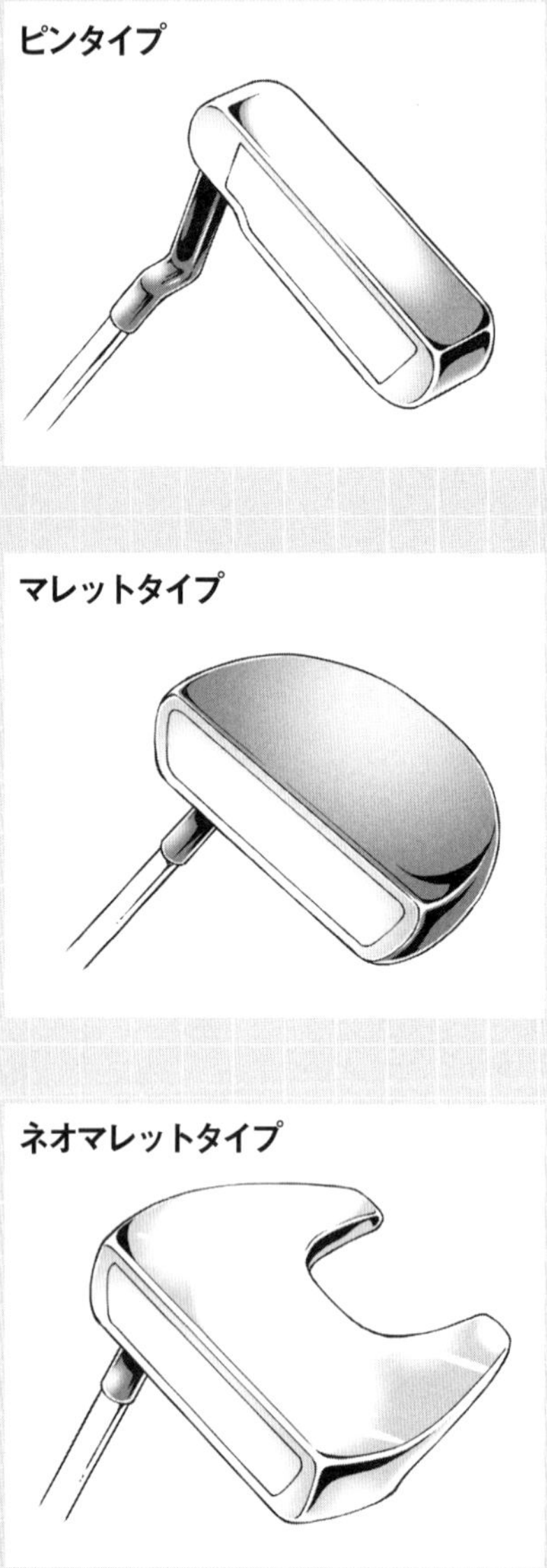

図1 3種類のパターヘッド

図2
マレット型のインパクト

マレット型は重心がピン型より後ろにあるため、インパクト時にはアッパー軌道になりやすい

図3
ピン型のインパクト

POINT **「好きなプレーヤーが使っているから」という理由だけでパターを選ぶのは意味がない**

やってはいけない！
44

左耳でカップインの音を聞く

パッティングでは、よく「ストローク中には頭を動かさないようにしなければならない」と言われます。そこから、「打ち終わってもボールがあった場所を見続けて、目標は見ないようにしながら、左耳でカップインの音を聞け」ということもよく言われます。

そのため、打ち終わってもかたくなに地面を見続け、挙句にはカップを見るのが怖くなってしまっているプレーヤーをよく見かけます 図1。

たしかに、ショートパットは目の動きだけでボールを追えるため、頭を動かさないでもストロークできるかもしれません。しかし、ロングパットは地面を見たままだと大きなストロークがしにくいのです。

それと、打ち終わっても地面を見続けるパッティングでは、もう一つ大きなNGがあります。それは、**音だけでは、どう入ったのかがわからない**ということです。

たとえば、自分ではスライスラインと考えた2メートルほどのパットをカップインさせたとしましょう。

しかし、このカップインは、ほんとにスライスラインに打ってスライスして入ったのかどうかがわかりません。もしかしたら、押し出してしまったパットがフックして入ったのかもしれないのです。そうなると、自分の読みもストロークも違っていたということになります。

これは大げさな例でしたが、仮にはずれただけだとしても、どうはずれたのかがわからないことになるのです。スライスラインで、左に打ち出したのが思ったよりも切れなかったのか、もしくは思った方向に打ち出すことができなかったのか。それがわからないのです。

このように**自分のパットを反省することは、特にアマチュアプレーヤーには必要なこと**といえます。

今から打つパットはどれくらいカーブするのかを読むときの技術の高さは、カーブするパットをどれくらい見てきたかに比例するのです。つまり、プレーヤーは今から打つパットの切れ方を予想する場合に、今まで見てきた切れるパットのなかから似たような傾斜のパットを記憶のなかで引き出し、その切れ具合から予想するのです。

そのため、切れるパットをあまり見たことのない初心者は、今から打つパットがどれくらい切れるのかの予想がつかないのは当然です。

逆に実際にゴルフはあまりやらないキャディーさんがラインを読めるのも、キャディーさんたちがそれまで様々なラインのパットを見てきたからともいえます。

また、ロングパットでは、打ち出し初速をイメージしてストロークすることで距離を合わせていくのですが、その打ち出しの強さでいいのかどうかを、打ち出されたボールがどんな感じでころがっていくのかを見ながら記憶にインプットする必要があります。

このように考えると、これからゴルフがうまくなりたいと思うプレーヤーは、**自分のストロークところがる距離の関係、傾斜とボールが曲がる幅の関係をできるだけ多く自分の記憶にインプットしておくことが大切**です。

そのためにも、自分のパッティングだけではなく、他人のパッティングも目に焼きつけるように見るべきです。そうすれば、4サムでラウンドしたときには4倍のライン学習ができるのです。

今後は、ぜひ、打ち終わったら、ボールを目で追って、その結果をしっかりと見届けてほしい。そのときに、図2にあるように、後頭部を軸として顔を動かせばストロークに影響を与えないでころがりを見ることができます。

後頭部を軸として顔を
動かせばストロークに
影響を与えないで
ころがりを見ることができる

図1 打ち終わっても地面を
見続けるパッティング

図2 後頭部を軸とした顔の動かし方

POINT 打ち終わったらボールを目で追い、「結果」をしっかりと見届ける

やってはいけない！45

パットは、アプローチショットと同じアドレスと振り方で！

これは一般的に言われていることではなく、アマチュアゴルファーが無意識にやっていることです。アプローチショットとパッティングに明確な区別をつけずに、ただなんとなく打っている2つの動きは、運動構造的にまったく別物です。にもかかわらず似てきてしまうのです。

そのため、多くのプレーヤーがパッティングのストロークのように肩を縦方向に動かしながらアプローチショットを打ったり、アプローチショットのように肩を横方向に回転させながらパッティングストロークを行っています図1。

アプローチショットとパッティングの上達には、「**アプローチショットとパターのストロークはまったく別物**」**ということを認識**しなければなりません。そして、どこがどう違うのかを知ったうえで、スイングしたりストロークしたりすべきです。そこでまず、アドレスの姿勢から説明すると、上半身を前傾させ背骨上部から後頭部までを一直線に近い状態にして構え、そこを軸に体を回転させるのがアプローチショットです。

これに対して、パッティングストロークでは、頭は水の上から水中眼鏡を通して水の底を覗き込むように、後頭部は地面とほぼ平行にします。そのため、上半身はあまり前傾しません。ヒザもショットを打つときのように曲げる必要はありません図2。

次に腕の形ですが、ショットを打つときの構えでは右腕は多少たわむものの、ほぼ両腕は伸ばして両腕と肩が三角形を形成するように構えます。アプローチショットではこの三角形を維持したまま肩を左右に回転させることでボールをヒットします。

これに対して、パッティングの腕の形は五角形になっています。これは、左右の手のひらがお互いに押し合う、もしくは引き合うことでストローク中の手首の角度を変えないようにしているためです図3。また、両ヒザと両つま先の向きに関しては、ショットの場合は回転運動であり、左足主体の回転を行うため両ヒザとも若干左に向けます。そして、右つま先はほぼ飛球線に対して直角、左つま先はやや左を向けて構えるのが正しい。

しかし、パティングでは体は回転させません。そこでアドレス時の両ヒザ、両つま先ともボールと目標を結ぶ線と直角になるようにセットしておきます図4。

以上のように、行う運動が異なるので、そのための準備といえるアドレスも異なって当然です。しっかりと違いを認識し、構えを分けるのが上達への近道といえます。

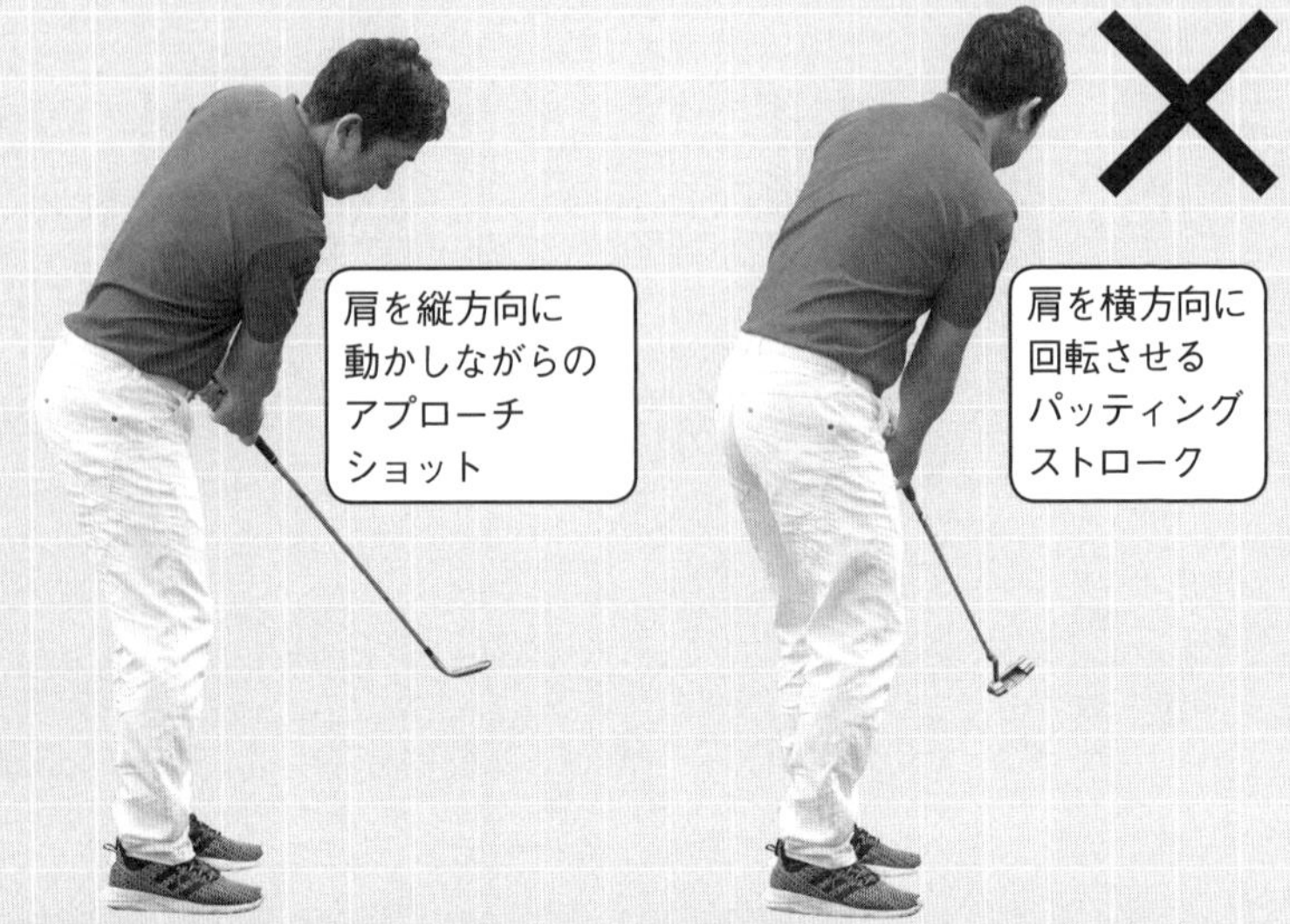

図1 肩縦回転NGアプローチ（左）と肩横回転NGパッティング（右）

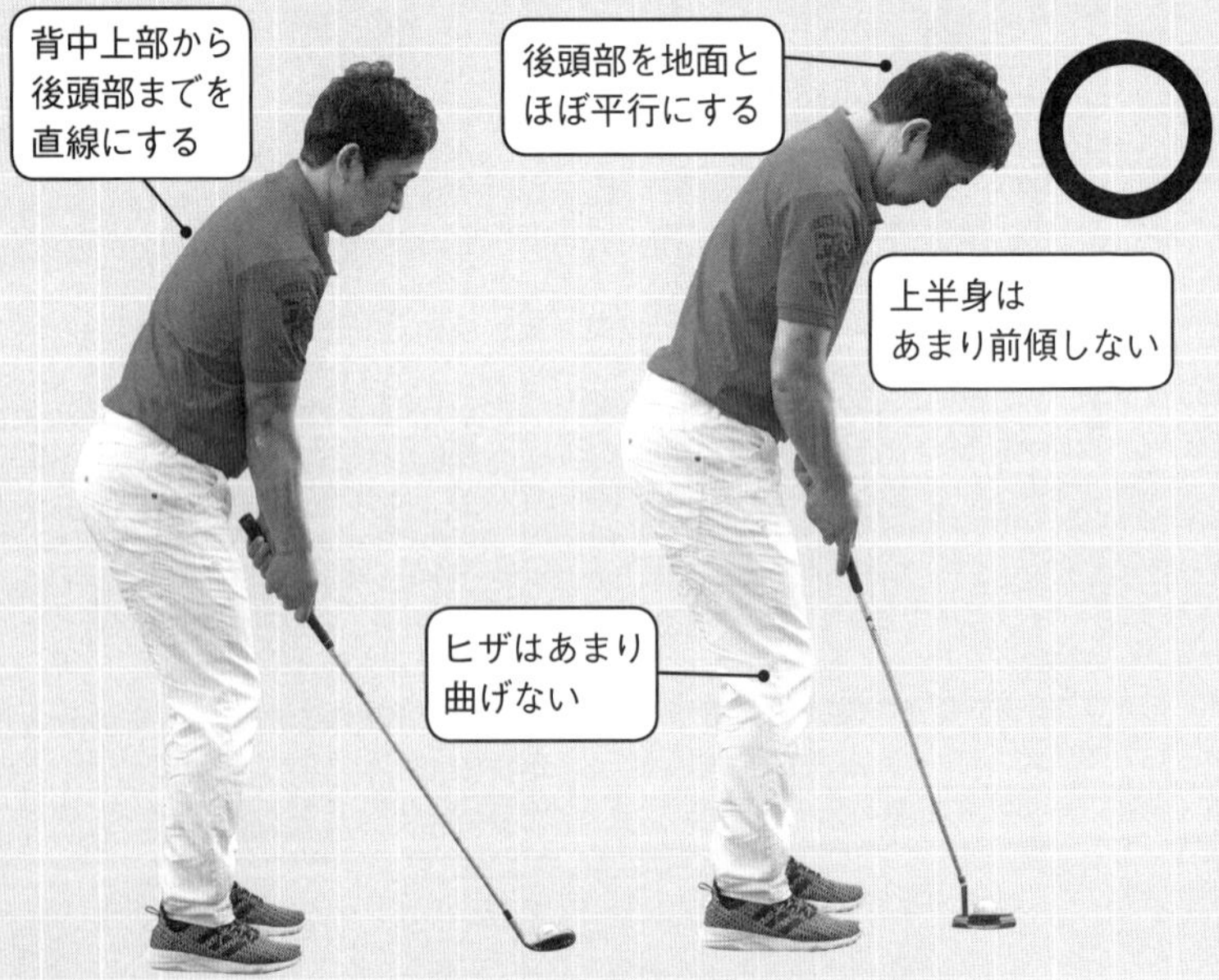

図2 ショット（左）とパッティング（右）のアドレスの姿勢

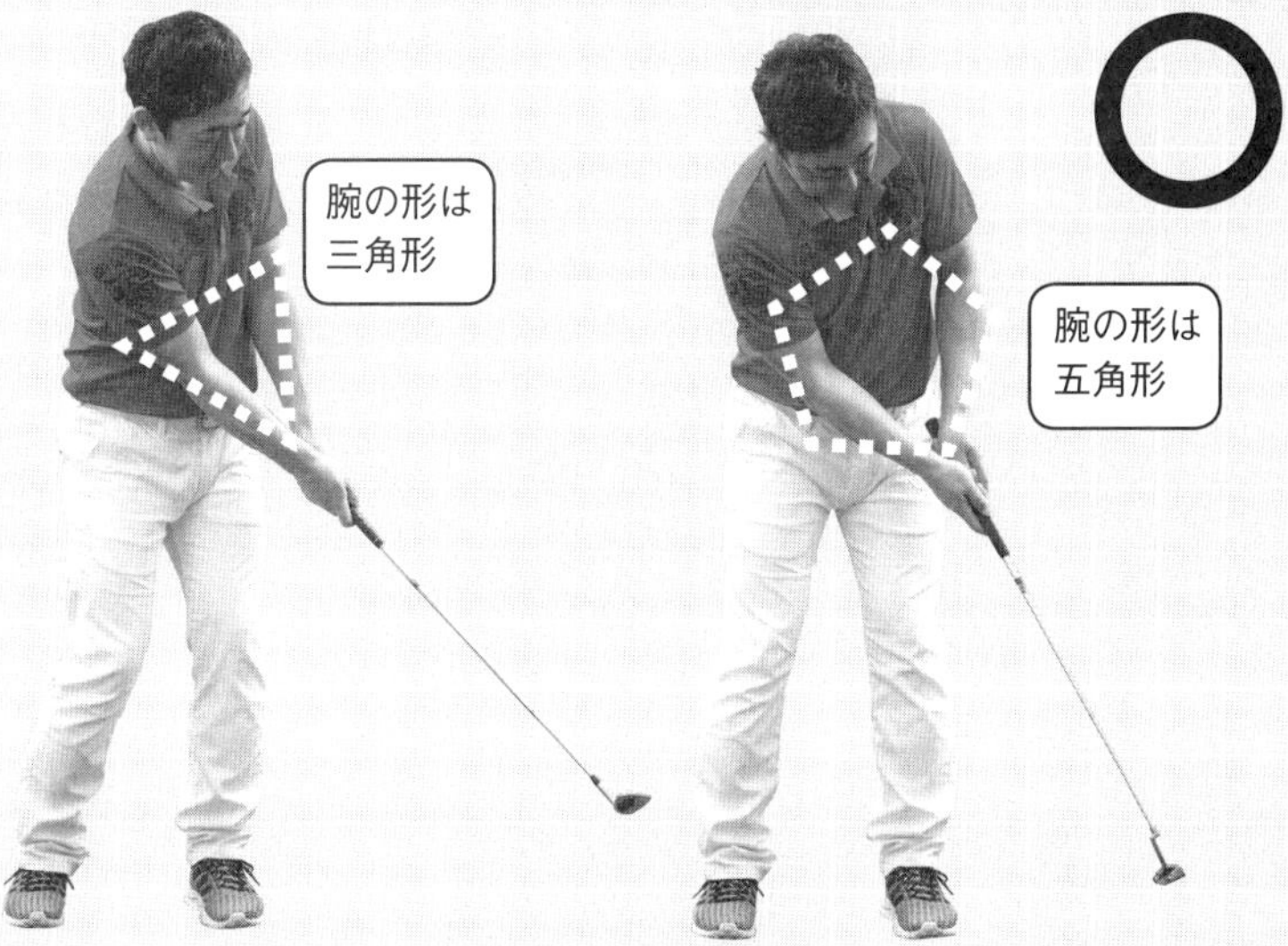

図3 ショット（左）とパッティング（右）の腕の形

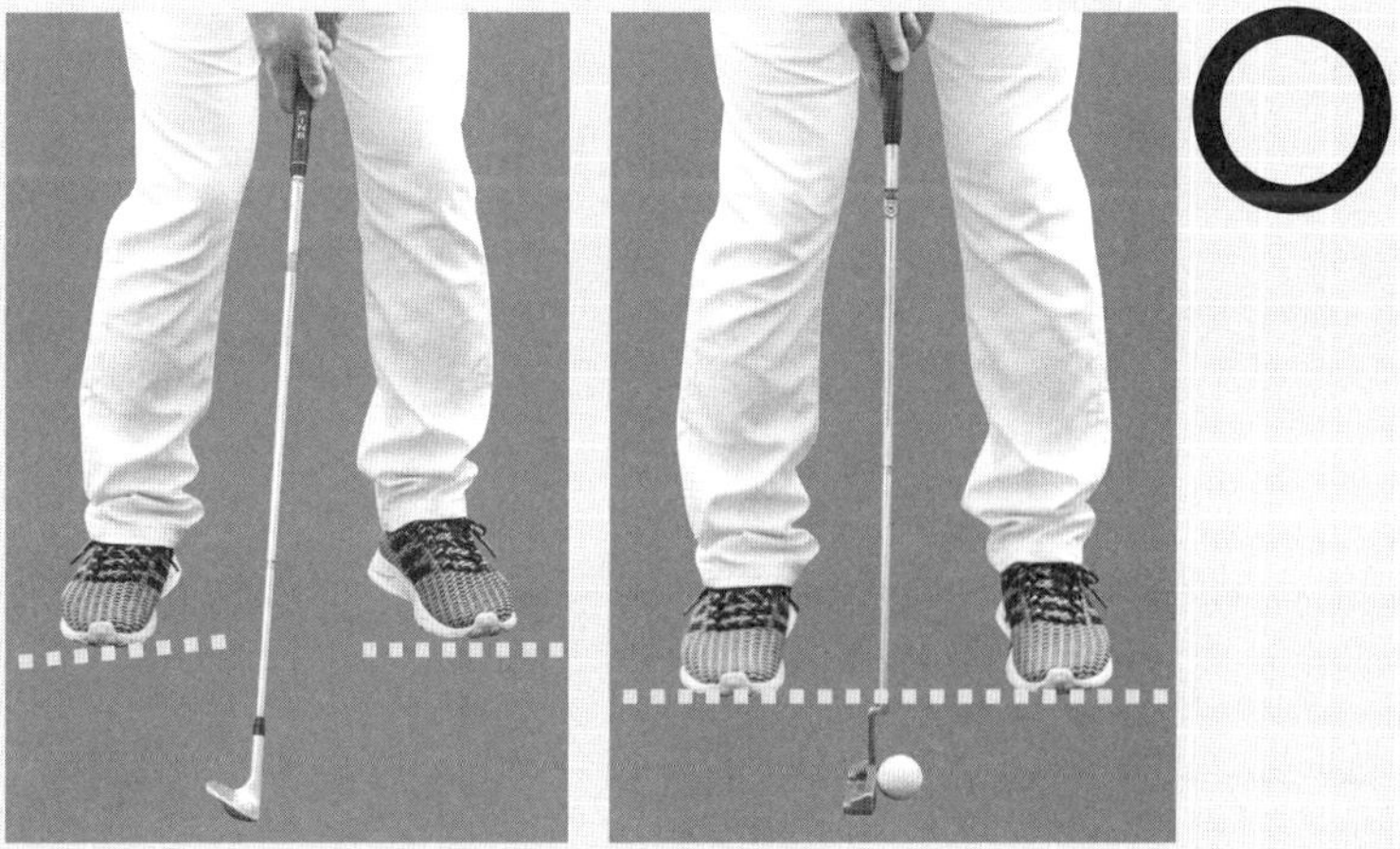

図4 ショット（左）とパッティング（右）のヒザと足

POINT **アプローチショットとパッティングはまったく別物**

終章　「メンタル」編

やってはいけない！46

コースでは練習どおりに打てるようにする

「コースに出ると、練習場のようないいショットが出ない……」と悩むアマチュアゴルファーは多くいます。そして、それらのプレーヤーはみな自分が精神的に弱いために練習場と同じショットが打てないと考えてしまいます。

そこで、何か精神的に強くなる方法を求めてメンタルトレーニング等を考えるのですが、多くのプレーヤーが強いメンタルを得ることはできません。コースでナイスショットの連発というわけにはいかないのです。

でも、プロゴルファーでさえ悩むメンタルが、一般のアマチュアプレーヤーに必要なのでしょうか？

コースで、練習場のようなショットが打てない理由は、じつは「コースで練習場のとおりに打てるようにする」という考え方が間違っているからです。

「本番を練習に合わせる」のではなく、「練習を本番に合わせるようにしなければなら

ない」ということです。つまり、**日頃の練習の仕方を、コースでのプレーを見据えたやり方に変えていく**ということです。

練習場では打席にたくさんのボールがあり、それを同じ場所から、同じ方向に向かって、同じクラブで何回も打つのが普通です図1。しかし、実際のコースでは、1球しか同じ場所からは打てないのです。チョロしたとしても、多少場所は変わります図2。にもかかわらず、上級者になればなるほど同じクラブを続けて使うことはなくなります。

練習場では、同じクラブで打ち続けます。

また、コースでは1球打った後で、次のショットまで2~3分、もしくはそれ以上の時間が経過するのが普通です。

これに対して、練習場ではすぐに次の球が打てます。そのため、もしミスショットを打ってしまったとしたら、そのスイングの悪かった点を反省しながらすぐに次の1球が打てるのです。

さらに、1球だけ「試し打ち」のような打ち方をして、確認してから次の球を打つということさえできてしまいます。

このような練習のなかで打つことができたナイスショットが、本当にコースで再現できるのでしょうか?

答えは「NO」です。

このように考えてみると、コースでのナイスショットを増やすには、まず練習場での練習の仕方を「コースに近づける」必要があることがわかるかと想います。

では、練習の仕方をどのように変えるかを具体的に説明しましょう。

まず、1球ごとにボールの後ろに立って、セットアップしてからボールを打つ練習を行います。

この練習では、どんなにミスショットを打ったとしても、すぐに次の球を打つことをしません。「次の球は再びセットアップを行った後で打つ」。そして、さらには「1球ごとにクラブを変えて打つ」という具合に行います。

ただし、スイングフォームをつくるために、続けてボールを打つ練習はもちろん重要なので、練習時間を「フォームづくりの練習」と「実践向けのセットアップ入りの練習」に分けることをおすすめします。

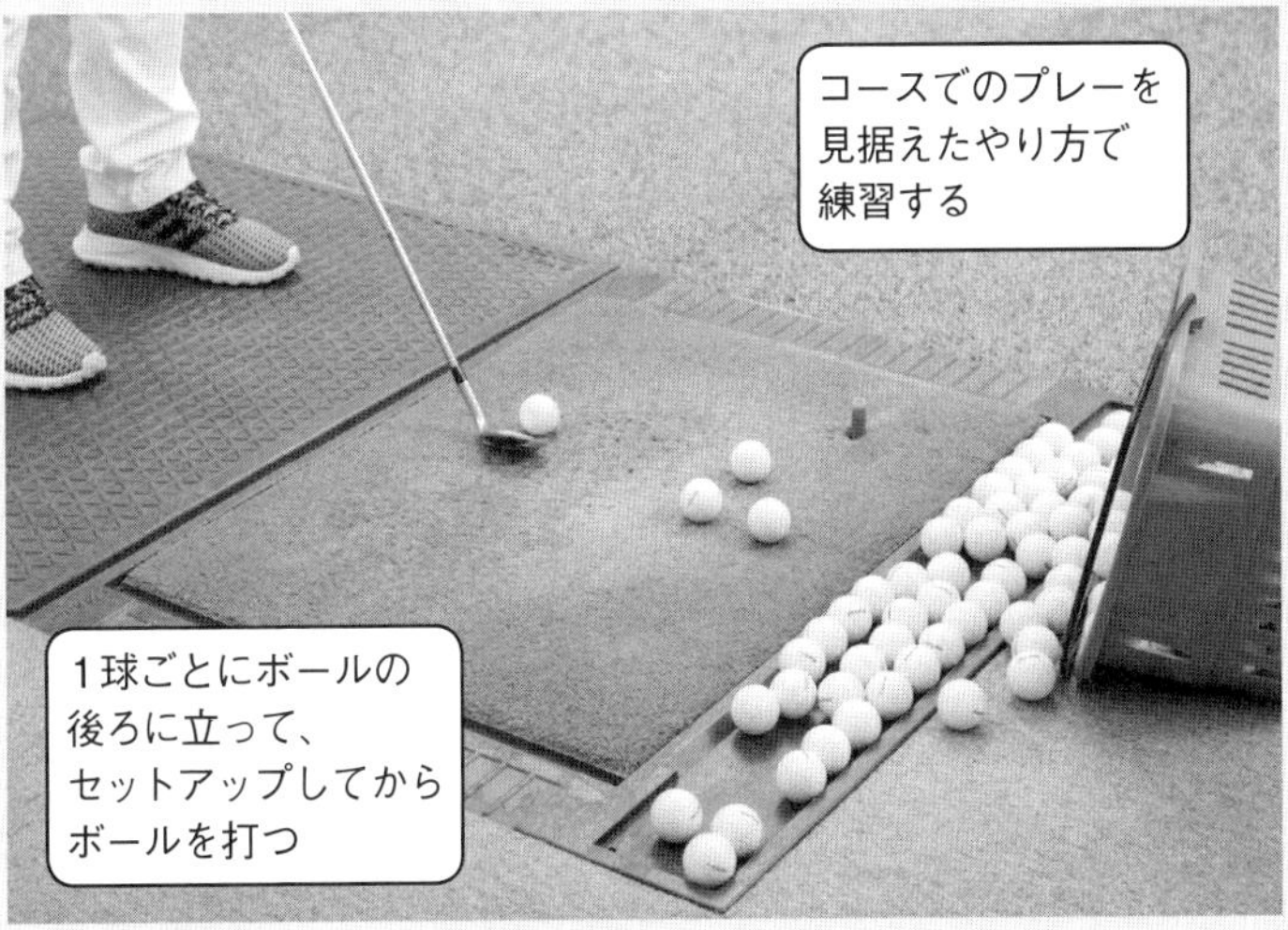
コースでのプレーを
見据えたやり方で
練習する
1球ごとにボールの
後ろに立って、
セットアップしてから
ボールを打つ

図1 練習場での練習の仕方を「コース」に近づける

図2 コースに出れば同じ場所からは1球しか打てない

POINT **コースで練習どおり打つためには、コース状況に近い練習を行う**

やってはいけない！
47

緊張してうまく打てないときがあるので、精神面を鍛える

メンタル面が弱いのでグリーンを狙うショットになると緊張してうまく打てない……。

ラウンド中に、このショットがうまく打てればグリーンに乗せられるというショットになると、「なぜかうまくいかない」と悩むプレーヤーがいます。特に、男性なら2オン、女性なら3オンを狙うショットの場合にうまくいかないと悩むプレーヤーが多いようです。

つまり、これらのプレーヤーは、それより多い数でグリーンを狙うショットになると結構うまく打てているにもかかわらず、2オンや3オンを狙うと緊張してうまくいかないのです。

これらのミスは、それ以上の数でグリーに乗せようとする場合には発生しないために、皆さん「自分は精神面を鍛える必要がある」と考えています。

本当にそうでしょうか？

もし違うのならば、その対処法はあるのでしょうか？

じつは、このような悩みを持つプレーヤーたちは、メンタル面に問題があるのではなく、そのような状況、つまり「2オンや3オンを狙うショットを打つ機会に慣れていない」からうまく打てなくなってしまうのです。

たとえば、プロゴルファーに、「このショットが乗ればミドルホールを2オンできますよ、がんばってください」と言っても、彼らは緊張などしません。しかし、メジャートーナメントの最終ホールで、「このショットをピンそばに乗せられれば間違いなく初タイトルですよ」と言われた場合は、タイトルホルダーでない限りは緊張するはずです。

これからわかることとは、「**慣れていることを行う場合には緊張感はあまりない**」ということです。つまり、2オンや3オンを狙う機会が少ないプレーヤーが、たまに狙うと緊張感が高くなるということなのです。

では、どう対処するべきなのでしょうか?

もちろんもっとショットの飛距離と方向性をよくして、2オンや3オンを狙う機会を増やすことが重要なことはわかりますが、すぐにはできないでしょう。そこで、「緊張の度合いを下げる」ための戦術を考えましょう。

戦術とは、その人の実力を目いっぱい引き出すための攻め方、考え方です。この場合の戦術対応では、「**自分の実力に合った狙い方に変える**」という方法になります。

具体的に説明すると、2オン、3オンに慣れてないプレーヤーは、グリーンとグリーン周りの「安全な位置を含めたエリアの中心を狙う」ようにするのです図1。

もちろん、この狙いでもグリーンに乗ることもあるうえに、このような狙い方だといくらか緊張感は下がります。

また、グリーンに乗らなくとも、そこから寄せれば「パー」が取れるというアプローチショットの練習もできます。

そして、この狙い方に慣れて、あまり緊張しなくなったらグリーンの中心を狙う、さらにはピンを狙うというように「狙い方を段階的に変えていく」ことをすすめます。

自分のメンタル面のせいにする前に「戦術」を考えるべきです。

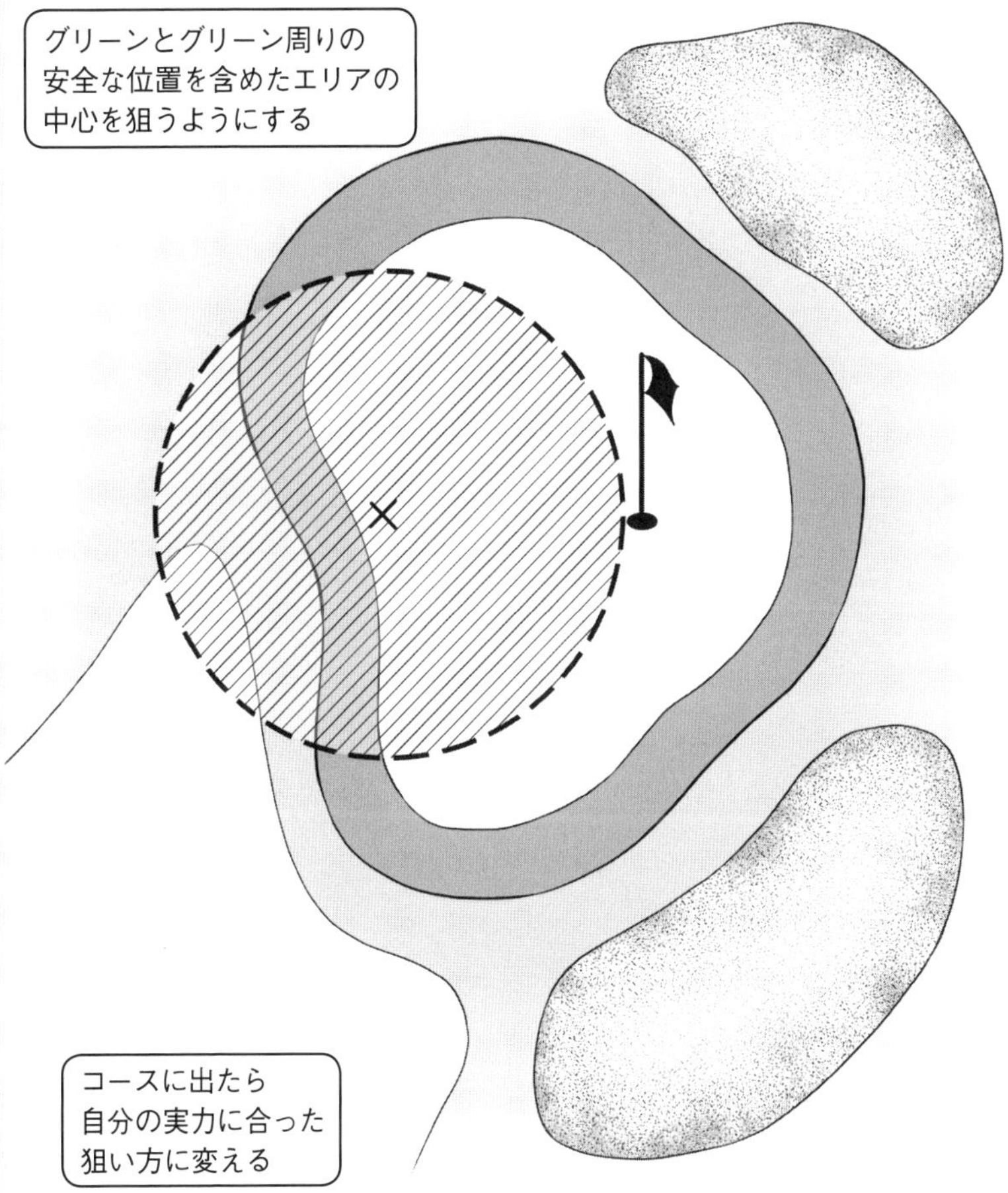

図1 グリーンを狙うショット

POINT **自分の実力に合った狙い方をすれば、緊張の度合いは下がる**

やってはいけない！48

池やOBなど、なるべく気にしない

池やOBを見ると必ずボールがそこに吸い込まれるように飛んで行ってしまうため、池やOBがあってもそこを見ないように、もしくはそこに池やOBがあるという意識を持たないようにプレーしようとしているアマチュアプレーヤーをよく見かけます。

このような考えを持っているプレーヤーは、グリーンの手前にある池をどう意識しないようにするかでとても苦労しています。

もちろん、戦術的対応で、できるだけそれらを避けてショットを打っていくルートを選ぶことも重要ではありますが、池やOBはルート選択だけでは避けようがない場合も多々あります。

そこでまず、池やOBを見るとなぜボールが吸い込まれるように入っていってしまうのかを考えてみましょう。すると、**スイング中に頭が動かなくなってしまうことに原因があることがわかります。**

たとえば、右サイドに池やOBがある場合、バックスイング時に頭の動きが小さいと体が十分に回転できません。そうなると、スイング軌道はアウトサイドインになりボールには右回転がかかり、池やOBのある方向に飛んで行ってしまいます図1。

これに対して、左サイドにハザードがある場合は、フォロースルーの頭の動きが関係します。ダウンスイング以降に頭を固定してしまうと、フォロースルー方向への体の回転が妨げられるため、フック系のボールやプルボールが出てボールは池やOBに飛び込んでしまいます図2。

さらに、このようにフォロースルーで頭が動かないという状態でありながらボールを高く上げようとして、クラブを上方に振ってしまうと左ヒジは曲がり、トップショットが発生して、ボールは目の前の池やOBに飛び込んでしまいます図3。

これからもわかるように、バックスイング、フォロースルーとも頭の動きが抑えられていると、どこにある池やOBに対しても入りやすくなってしまうのです。

では、なぜ頭が動かなくなってしまうのでしょうか?

それはボールをよく見ないといいショットが出ずに、ボールが池やOBに飛び込んでしまうと考えるからです。

つまり、「池やOBに入れないようにしようとしてやっていることが、逆に池やOBにボールを飛ばしている」ということなのです。

では、どうすればいいのでしょうか?

もちろん、池やOBがないときと同じようにスイングすればいいということになりますが、それができれば苦労はしません。そこで、いつもの自分のスイングを完遂できるように、「**フィニッシュ姿勢に集中**」するようにするのです。

どんなに池やOBが怖くても、「自分は自分のフィニッシュに向けてスイングする」という気持ちでショットにのぞめば、いくらか通常のスイングを行える可能性は高くなります。ゴルフスイングは自分のアドレスから始まって、自分のフィニッシュまで振り抜いてボールを打つ運動です。もちろん、飛距離を抑えるために小さ目のフィニッシュをとることもあるかもしれません。

それはともかく、あらかじめ自分で決めたフィニッシュ姿勢まで振り抜くことは励行しましょう。これによって、ボールをよく見ようとして体の回転が止まるということはなくなります。

ただし、日頃の練習から自分のフィニッシュ姿勢をしっかり決めて、そこまで振り抜く練習をしておくことはもちろん重要です。メンタル面のせいにする前に、「スイング中に意識する場所を考える」べきです。

池やOBに打ち込む“3大悪”ショット

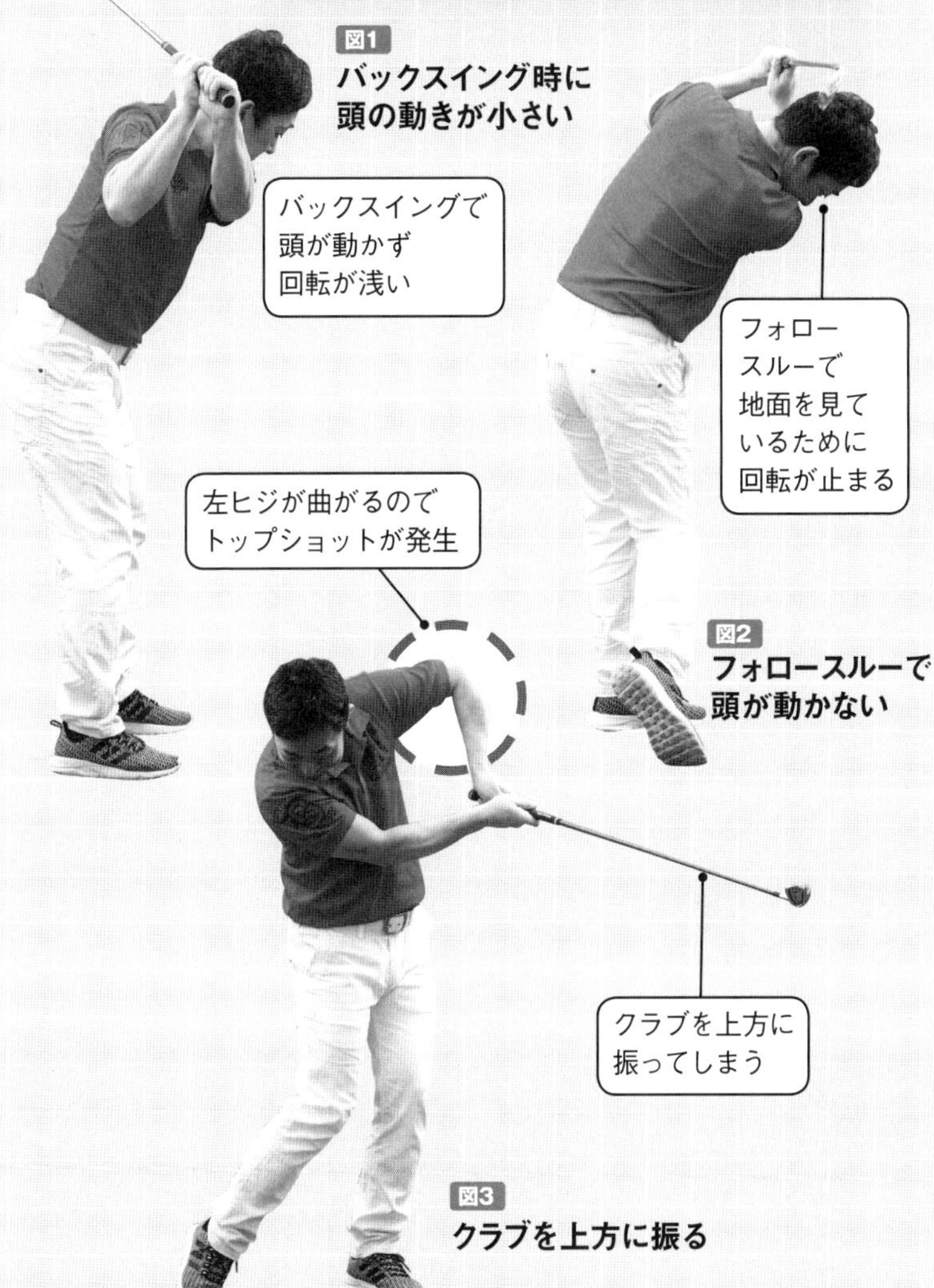
図1
バックスイング時に
頭の動きが小さい
バックスイングで
頭が動かず
回転が浅い
フォロー
スルーで
地面を見て
いるために
回転が止まる
左ヒジが曲がるので
トップショットが発生
図2
フォロースルーで
頭が動かない
クラブを上方に
振ってしまう
図3
クラブを上方に振る

POINT **「フィニッシュ」を意識してスイングすると、周りの景色に左右されなくなる**

あとがき

近年は、様々な情報が氾濫している時代です。このことは、ゴルフ上達のための情報に関しても同じです。雑誌、テレビ、インターネット等で、多くのスイング指導が紹介されています。

こういった環境は、一見ゴルフ上達を目指すアマチュアゴルファーにとって都合がいいように思えますが、じつはほとんどが上達の妨げとなっているのです。

その理由は、これらの情報に、「時代が異なるもの」と、「対象が異なると意味をなさないもの」が含まれているからです。

前者の「時代が異なるもの」とは、ゴルフスイングの変化に対応していない情報のことです。

よくあるスイング指導は、その時代に一流だったプロゴルファーのスイングを効率よく覚えるための情報です。

そのため、目標とするプロゴルファーのスイングが変わってしまうとその情報には価値がなくなり、場合によっては間違ったスイングとなってしまう場合もあります。

ゴルフスイングは使う道具によって変化してきました。それにもかかわらず、目標とされるスイングのタイプ分けがされてこなかったために、多くのアマチュアゴルファーが時代錯誤の情報をもとに練習しています。

その結果、**現代のゴルフギアを使いこなすには不具合なクラブの振り方を身につけてしまう**という弊害が生まれています。

一方、後者の「対象が異なると意味をなさないもの」とは、対症療法的な情報ということです。

つまり、その情報で矯正できる癖を持っていないゴルファーにはまったく役に立たない情報です。

しかし、多くのアマチュアゴルファーは、自分がその癖を持っているかどうかにかかわらず、「内容が目新しいものである」とか「興味を引くものである」という理由で取り入れてしまうのです。その結果、**わざわざ正しかった部分を修正し、悪い癖をつけてしまう**という弊害も生まれます。

そこで本書では、私自身のレッスン経験と筑波大学大学院での研究をもとに、多くのスイング指導情報のなかから一度覚えてしまうと上達の妨げになるだけでなく、修正することに大変苦労すると思われるものを抜粋し、「なぜ採用すべきではないのか」と「正しくはどうすべきか」とを合わせてまとめました。

ゴルフはとても難しいスポーツです。練習の過程では上手くいかないことも多く試行錯誤するのは当然です。そんなときは、ここで紹介した「駄目ゴルファーにならないための48項」を参考に、ぜひ練習をしてみてください！

安藤　秀

平成30年3月吉日

安藤 秀 あんどう しゅう

体育学博士／PGAティーチングプロA級。1960年生まれ、北海道出身。
立教大学卒業後、一般企業を経て、栃木県のユーアイゴルフクラブに研修生として入社。92年、日本プロゴルフ協会入会。2000年A級ティーチングプロとなる。02年筑波大学大学院体育研究科に入学。07年学位論文「ゴルフスイングの変容に関する技術発達史的研究 新しいスイング練習法の構築に向けて」で筑波大学の博士号を取得。その後、コンバインドプレーン理論がゴルフ誌で紹介され大きな反響を呼ぶ。現在、コンバインドプレーン・アカデミーを立ち上げ、一般ゴルファーへのレッスンおよびインストラクターの育成を行っている。http://cp-golfschool.com
著書に『筑波大学で誕生したまったく新しいゴルフ理論 コンバインドプレーン理論のすべて』(現代書林)、『1日5分で90切り』(学研プラス) などがある。

ゴルフのやってはいけない！
駄目《だめ》ゴルファーにならないための48項《こう》

2018年4月30日 初版第1刷発行

著　者 安藤《あんどう》 秀《しゅう》
発行者 塚原浩和
発行所 KKベストセラーズ
〒170-8457
東京都豊島区南大塚2-29-7
電話 03-5976-9121
http://www.kk-bestsellers.com/

装　幀 フロッグキングスタジオ
印刷所 近代美術株式会社
製本所 ナショナル製本協同組合
ＤＴＰ 大熊真一（ロスタイム）
イラスト 瀬芹つくね
撮　影 大倉英揮
本文モデル 横山実（PGAティーティングプロ、CPトランスミッター）
撮影協力 コンバインドプレーン・ゴルフスクール用賀校
企画協力 タイズブリック

定価はカバーに表示してあります。
乱丁、落丁本がございましたら、お取り替えいたします。

ISBN 978-4-584-13864-9 C0075